KB262175

합격뇌,
공무원
1년 합격
완전정복

합격뇌, 공무원
1년 합격 완전정복

개정증보판 1쇄 인쇄 | 2016년 2월 29일
개정증보판 1쇄 발행 | 2016년 3월 4일

지은이 | 김미화
펴낸이 | 박영욱
펴낸곳 | (주)북오션

편 집 | 권희중
마케팅 | 최석진 · 임동건
표지 및 본문 디자인 | 서정희 · 심재원
세무자문 | 세무법인 한울 대표 세무사 정석길(02-6220-6100)

주 소 | 서울시 마포구 서교동 468-2
이메일 | bookrose@naver.com
페이스북 | facebook.com/bookocean21
블로그 | blog.naver.com/bookocean
전 화 | 편집문의: 02-325-9172   영업문의: 02-322-6709
팩 스 | 02-3143-3964

출판신고번호 | 제313-2007-000197호

ISBN 978-89-6799-256-9 (13370)

이 도서의 국립중앙도서관 출판예정도서목록(CIP)은 서지정보유통지원시스템
홈페이지(http://seoji.nl.go.kr)와 국가자료공동목록시스템
(http://www.nl.go.kr/kolisnet)에서 이용하실 수 있습니다.
(CIP제어번호: CIP2016003299)

합격뇌, 공무원 1년 합격 완전정복

김미화 지음

북오션

공무원 시험의 핵심을 꿰뚫는 학습 전략

저자는 시험 준비 1년 만에 국가직 7·9급, 지방직 9급에 동시에 합격하여 현재 공직에 몸담고 있는 젊은 인재로서, 일선에서 수년간 공무원 수험 지도를 해온 나로서도 감탄할 만큼 전략적인 공부로 한 해에 3관왕을 차지한 공무원 시험의 달인이다. 장수생들이 느끼는 비애를 조금이라도 줄여 주기 위해 시작한 상담을 바탕으로 공무원 수험생들에게 꼭 필요한 정보와 필승 노하우를 이 한 권에 온전히 담았다. 젊음을 낭비하지 않고 수험 생활을 단축시키기 위해서는 반드시 읽어야 할 책이며, 한번 읽고 손에서 놓을 책이 아니라 항상 가까이 두고 수험 생활의 벗으로 삼아야 할 책이다.

– 김중규(김중규행정학아카데미 대표교수 ·《선행정학》 저자)

누구나 시험을 준비할 수 있지만 아무나 정복하는 것은 아니다. 시험 준비 1년 만에 국가직 7·9급, 지방직 9급에 동시 합격한 저자는 공무원 수험생들에게 꼭 필요한 정보와 필승 노하우를 이 한 권에 담았다. 단번에 합격할 수 있는 공부의 왕도는 없지만, 공무원 시험의 핵심을 꿰뚫은 저자의 혜안은 시간만 보내거나 공부를 해도 공부가 되는지 안 되는지 몰랐던 수험생들에게 시험 준비 1년 안에 승부를 내는 공부 비법을 찾게 해줄 것이다. 이 책을 항상 가까이 두고 수험 생활의 벗으로 삼아 공무원 시험을 준비한다면, 여기 실린 '합격 수기'의 주인공은 바로 여러분의 몫이 될 것이다.

– 송두호(극동대학교 겸임교수 · 전문코치[KSC] · 전문퍼실리테이터[CPF])

공무원 시험에 합격하기 위해서는 다양한 요소들이 뒷받침되어야 하지만, 그중 개인의 굳은 의지, 탁월한 학습 전략과 학습법, 그리고 긍정적인 마인드는 특히 중요한 부분이다. 이 책은 이 부분에 대한 저자의 경험과 이를 바탕으로 한 구체적이고 실질적인 노하우가 고스란히 녹아 있다. 자신만의 공부 방식을 고집하다 원하는 결과를 얻지 못했다거나, 처음으로 공무원 시험에 도전하는 분이라면, 이 책을 꼭 읽어 보길 권한다. 필시 좋은 멘토가 되어 수험생들을 합격의 길로 안내할 것이다.

– 이진희(EFT^{부정적 감정 해소 심리 기법} 전문가 · 다이룸한의원 원장)

서점가의 흔한 공부 방법론 서적 중 이토록 3박자를 완벽히 갖춘 책은 없는 것 같다. 첫째 필자의 공무원 수험 단기간 합격 비법을 생생히 복원했다는 점, 둘째 수험생들을 위한 다년간의 코칭 경험을 바탕으로 불합격의 원인을 정확히 진단하고 있다는 점, 셋째 막연히 '열심히 하라' 혹은 '의지의 문제'라는 형이상학적 주장이 아니라 인과적–과학적 분석으로 구성되어 있다는 점이다. 수험 공부법 전문가인 본인도 큰 깨달음을 얻었다는 점에서 이 명저를 과감히 추천드린다.

– 정재준(한국사 교수)

공무원 시험공부는 공부량을 효율적으로 줄이는 것이 핵심이다. 제한된 시간 안에 공부한 것을 가치적으로 저장해 시험장까지 확실하게 가져가야 한다. 요는 공부 방법의 문제인 것이다. 저자는 공부량을 효율적으로 줄여 단기간에 합격의 길로 갈 수 있는 확실한 노하우를 제시해 주고 있다. 많은 수험생이 읽고 자기 것으로 만들어 단기 합격생이 되길 바란다.

– 황남기(윌비스고시학원 헌법 · 행정법 전임교수)

합격을 부르는 행운의 공부법 – O! BRAIN

누구는 1년 안에 붙고, 누구는 장수생이 되는 이유는 뭘까?

합격, 듣기만 해도 가슴 설레는 말이다. 그 합격을 위해 오늘도 많은 사람들이 고군분투하고 있다. 겉으로 보기에는 다들 열심히 하는데 누구는 1년 안에 붙고 누구는 장수생이 된다. 왜일까? IQ 문제일까? 머리 문제라면 같은 대학 출신인데도 결과가 다른 이유는? 공부 시간이 길면 합격할까? 똑같이 하루 10시간 이상 공부했는데 결과가 다른 이유는? 나이가 어리면 유리할까? 매년 증가하는 36세 이상 응시자의 합격률을 보면 꼭 그렇지만도 않은 것 같다. 혹시 수험생의 메카 노량진에 있으면 단박에 합격할 수 있을까? 하지만 실제로 합격한 사람 중 노량진에서 공부한 사람은 반도 안 되는 것이 현실이다.

합격자들은 SKY 대학 졸업자부터 전문대 졸업자까지, 20대부터 40대까지 학력과 연령 또한 매우 다양하다.

'단기 합격'의 비결 분명히 있다

수험 생활의 혹독함과 암담함이 자신감과 명쾌함으로 바뀔 수 있도록, 시험 준비 1년 만에 3개 시험(국가직 교육행정 7·9급, 지방직 9급-경기도 교육행정)에 동시 합격한 필자의 필승 노하우와 효과적 학습 전략을 이 책에 담았다. '자신감을 가지고 열심히만 하면 된다'는 막연한 덕담 말고, 면밀히 따져 보고 바로 따라할 수 있는 '단기 합격의 원리' 말이다.

단기 합격생은 합격에 대한 모호함 속에서도 비전을 그리며, 항상 긍정성을 유지하고, 목표에 맞는 공부 방법을 적용해, 전체적인 계획을 세우고 조정하며, 자기 관리 전략과 지식을 가지고 있다. 그것을 필자는 'O! BRAIN - 합격뇌'라 명명했다.

수험 공부를 하면서 이런 전략을 익혀 놓으면 다른 일도 덩달아 잘하게 된다. 목표에 따라 그에 적합한 계획을 세우고 긍정성을 유지하며 앞으로 나아가는 능력은 어떤 분야에서나 필요하기 때문이다.

혼자서도 쉽게 따라할 수 있는 황금의 공부 비법

엄청나게 노력을 쏟아부었음에도 불구하고, 그 결실을 맺지 못한 채 맥없이 포기하거나 계속 그 자리를 맴도는 수험생들이 많다. 이렇게 된 이유는 머리 탓도, 나쁜 운 탓도 아니다. '합격뇌'를 훈련해 본 적이 없기 때문이다. 하지만 합격뇌의 원리를 제대로 알고 익힌다면 이런 문제는 쉽게 극복할 수 있다.

이 책에는 수험생이라면 누구나 혼자서도 쉽게 따라할 수 있는 공부 비법이 담겨 있다. 최적화된 합격뇌를 만들어 당신도 단기 합격의 기쁨을 누릴 수 있기를 바란다.

합격뇌 – 실행력이 생명이다

필자는 심리학을 전공해 사람들을 상담하고, 공무원이 되기 전 4년 동안 대안 학교 교사로서 학습 과학과 뇌를 공부하며 학생들의 학습 능률과 변화를 도와왔다. 현재도 한국코치협회 소속 전문 코치로 수험생 상담을 꾸준히 하고 있고, EFT(Emotional Freedom Technic, 부정적 감정을 해소하는 심리 기법)를 배우며 전수하고 있다.

코칭[1]을 신청한 수험생이 자신이 해결하고 싶은 문제를 이야기하면 함께 해결책을 모색하는데, 주제는 슬럼프 극복, 공부 방법, 공부 계

획, 시험 불안 해소, 자신감 향상 등 몇 가지로 압축된다. 수험생 코칭
을 하면서 느낀 변화의 핵심 포인트는 꾸준한 실천이었다. 아무리 효
과적 학습 전략이 있더라도 그것을 실행하지 않으면 말짱 도루묵이다.
그 사람이 지금까지 어떤 어려움을 겪어 왔든 간에, 지능·나이·성별
에 관계없이 코칭한 내용을 꾸준히 실천하기만 하면 성적이 오르고 자
신감이 생겼다. 따라서 이 책에 코칭으로 효과를 보았던 여러 사례들
과 핵심 비결을 고스란히 담고자 했다. 그 비결은 학습 과학 분야에서
보편적인 효과가 있고, 실제로 필자 본인과 많은 수험생들이 적극 실
천해 효과를 본 방법이기 때문에 빠르고 안전하다.

이 책을 그저 소설책 읽듯 한번 훑고 지나간다면 무용지물이 될 것
이다. 하나라도 내 것으로 만드는 실천이 필요하다. 더 효과적으로 활
용하려면 우선 전체적인 내용을 파악하기 위해 꼼꼼히 일독한 후 본인
에게 가장 필요한 장부터 다시 읽고 반드시 몸과 마음으로 실천한다면
놀라운 변화를 체험하게 될 것이다.

---

1) 코칭: 상담 받는 사람이 삶의 문제를 해결하는 데 있어 자신만의 방법을 찾아갈 수 있도록 도
움을 주고, 실행력을 높일 수 있도록 코치와 코칭 받는 사람 간에 이루어지는 대화 프로세스

O! BRAIN

Optimism

Part **1**

합격뇌를 만드는
자신감의 키워드, 긍정성

단기 합격의 일등 공신, 긍정성

단기 합격생은 모호함 속에서도 비전을 그리며 긍정성을 유지하고, 큰틀에서의 전체적 계획을 세우고 조정하며, 목표에 맞는 공부 방법을 적용하는 전략과 지식을 가지고 있다. 앞에서 필자는 그것을 'O! BRAIN – 합격뇌'라 설명한 바 있다. 한 번 더 부연 설명하자면, 필자가 명명한 용어 〈O! BRAIN〉의 O는 '낙관주의와 긍정'을 뜻하는 Optimism의 첫 스펠링이며, 감탄의 오!, 온전한 원(圓), 동글동글 웃는 얼굴 등 긍정적인 행동과 표정을 의미한다. 여기서는 바로 그런 불안과 걱정을 이겨내고 합격에 대한 자신감을 유지하는 전략이 소개된다.

필자의 단기 합격 비결은 긍정을 바탕으로 한 자신감이었다. 2009년 5월에 9급 시험을 마친 후 바로 7월에 있는 7급 시험까지 준비한다고 했을 때, 그 누구도 성공할 거라 생각하지 않았다. 유명 학원 선생님에게 상담을 받았을 때, 두 달 남은 촉박한 일정도 문제거니와 7급 교육행정직은 겨우 8명밖에 뽑지 않아 국가 유공자가 아니면 붙기 힘들다고 했다.

온 마음을 다해 스스로를 믿는 자기암시

'오르지 못할 나무 쳐다봤다가 괜스레 상처 받지 말고 그냥 9급에서 만족해야 할까?'

'행여 실패한다 하더라도, 훗날 후회나 미련이 남지 않도록 계속 도전해야 할까?'

여러 가지 고민이 많았다. 하지만 최선을 다하면 후회는 없다고 하지 않던가? 9급 시험 후 두 달 남짓의 짧은 시간 동안 7급까지 최선을 다해 도전해 보기로 했다. 어떻게 해야 합격할 수 있을지 방법이 떠오르진 않았지만 온 마음을 다해 나 자신을 믿었다. 이미 합격한 사람처럼, 이미 방법을 알고 있는 사람처럼 '와~! 알았다. 바로 그거야. 해결책을 찾았어! 감사합니다!' '모든 책을 섭렵할 시산은 없지만 합격하기에는 충분한 시간이야' 라며 끊임없이 자기암시를 하고 다녔다.

그 덕이었을까? 꼭 필요한 순간 신기할 정도로 해결책이 떠올랐다. 온몸을 채웠던 긍정의 에너지가 아니었다면 도전도 창의적 모색도 힘들었을 것이다.

단기 합격생의 하루
vs 장수생의 하루

A의 하루

 아침

알람 소리에 맞춰 일어나려는데 몸이 너무 피곤하고 찌뿌둥하다.

'아, 짜증 나. 피곤해……'

내 등은 +극, 침대는 −극…… 둘이 철썩 붙어 버려 떼어내기가 힘들다. 침대에서 밍기적거리다 결국 스터디 시간에 늦을까 봐 허둥지둥 외출 준비를 서두른다.

나가려는데 엄마가 또 아침 안 먹는다고 성화다. 아, 짜증 나. 지금 지각해서 벌금 내게 생겼는데 아침 먹을 여유가 어디 있어? 저 앞에 도서관이 보인다. 아…… 지겨운 도서관. 시험만 합격하면 여길 다시 오나 봐라.

⏰ 스터디

스터디 시험 채점을 하는데 이런, 분명 외웠던 걸 또 틀렸다. 한심하다. 도대체 얼마나 봐야 하는 건지……. 다른 스터디원은 요즘 자기 성적 좀 잘 나온다고 으쓱거린다. 정말 밉상이다.

⏰ 오전 공부

열심히 하자고 마음을 다잡지만, 나도 모르게 한숨부터 나온다. 책장을 뒤적거리며 '오늘은 뭘 공부하지? 〈한국사〉나 좀 외워 볼까?' 보통 그날그날 기분 내키는 대로 공부할 과목을 선택한다. 책을 펴니 갑갑하다. 이걸 언제 다 외우지? 이놈의 공무원 시험, 사람이 무슨 암기 기계인 줄 아나?

⏰ 점심시간

매일 반복되는 식당 메뉴도 지겹다. 온종일 책이랑 씨름할 생각에 밥맛도 없다. 전생에 내가 무슨 죄를 지었기에 이런 고생을 하는 걸까.
밥 먹고 잠깐 커피 한잔 한다. 휴…… 이러다 입에 거미줄 치겠네. 밀려오는 외로움과 막막함으로 마음도 몸도 점점 푸석해져 가는 느낌이다.

⏰ 오후 공부

동영상 강의를 듣는다. 한 강좌 듣고 잠~깐 인터넷을 한다는 게 멈출 수 없는 클릭질로 30분이 후딱 간다.

이게 뭐하는 건지 모르겠다. 이러니까 인터넷 자체를 끊어야 하는데, 내가 그렇지 뭐. 인터넷질 하나 못 참으면서 합격은 무슨…… 정말 나란 녀석 참 한심하다.

수업도 짜증 난다. 수업이 뭐 이따위야?

 저녁

피로감이 밀려온다. 도대체 이렇게 공부하는 게 맞는 걸까? 끊임없는 의심과 불안감이 날 괴롭힌다. 집에 가고 싶은 마음이 굴뚝같지만 꾸역꾸역 우격다짐으로 공부를 한다. 집에 가서 잠자리에 눕는 시간이 그나마 제일 편안한 시간이다.

휴, 내일은 또 어떻게 버티나?

B의 하루

 아침

알람 소리에 잠을 깬다. 피곤하지만 누워서 나를 토닥인다.

'힘들지? 많이 피곤하지? 애쓴다. 그래도 건강하게 이렇게 일어나 줘서 고마워.'

급해서 아침도 못 먹고 나가려는데 엄마가 챙겨 주신다. 하나밖에 없는 딸이 공무원 공부한다고 옆에서 항상 챙겨 주시는 엄마가 너무 고맙다. 나중에 첫 월급 타면 엄마가 좋아하는 선물 해드려야지. 저기 도서관이 보인다. 도서관이 내 미래의 출근지라 가정하고 상상력을 발휘해 본다.

첫 출근하는 날 기분이 어떨까? 저렇게 삐까번쩍한 건물에 내가 주인공이 되어 출근하는 거야! 오늘도 힘내자!

⏰ 스터디

함께 공부하는 팀에서 영단어 쪽지 시험을 본다. 여전히 갈 길이 멀지만 조금씩 나아지고 있으니 괜찮다. 그런데 영단어는 무작정 외우기만 하니 자꾸만 까먹고, 뭔가 더 좋은 방법이 있을 것 같은데……. 다른 스터디원은 요즘 성적이 계속 오르는 눈치다. 언제 한번 비결을 물어봐야겠다.

⏰ 오전 공부

공부 시작 전에 기운을 북돋우기 위해 내가 만들어 둔 모의 합격증을 보며 합격한 나의 모습을 상상한다. 상상만으로도 내 스스로가 너무 자랑스럽고, 기쁨으로 가슴이 벅차오른다.

첫 출근 날인 만큼 단정하고 깔끔한 정장을 입고 사무실에 가는 장면을 상상하면 절로 미소가 지어진다. 내 마음에서 이미 난 합격이다.

이렇게 합격한 듯한 기분으로 공부를 시작한다. 오전 공부 분량을 마친 뒤 공부 계획표에 'O' 표시를 한다. 그리고 내 자신에게 말한다.
'잘했어, 아주 잘하고 있어.'

⏰ 점심시간

점심 도시락을 들고 계단을 내려오면서, 지금 이 순간은 미래의
내가 과거를 생생하게 회상하고 있는 순간이라고 가정해 본다.
미래의 나는 지금 내 모습을 어떻게 회상할까?
"그때 얼마나 열심히 했는지 몰라요. 그때는 정말 공부에 100%
몰입하던 시절이었어요. 지금 생각해도 정말 신기해요."
공부에만 집중할 수 있는 환경에 감사함이 밀려온다.
'합격하는 너도 나고, 공부하는 너도 나야. 합격한 너와 합격을
준비하는 지금의 넌 전혀 다르지 않아. 똑같이 가치 있는 사람이
야. 그러니 혼자 밥 먹는다고 움츠러들면 되겠니? 당당하게 고개
똑바로 들고 꼭꼭 씹어 먹어. 넌 꼭 합격할 거야. 파이팅!'
자칫 움츠러들 수 있는 내게 응원을 보낸다.

⏰ 오후 공부

밥 먹고 다시 열람실로 향한다. 열람실 입구를 들어가면서 '빰~
빠라바 빠밤~ 빰 빠라바~ 빠밤~' 엘가의 〈위풍당당 행진곡〉을
머릿속에서 연주한다. 이 문은 합격의 문이다.
교재를 보러 서점에 들렀는데 책 한 권이 눈에 띈다. 와! 이거 나한
테 필요한 거잖아! 영어 단어를 연상 암기법을 통해 쉽게 외울 수

있게 만든 책이었다. 역시 궁하면 통하기 마련이다. 감사합니다!

 저녁

오늘 최선을 다한 나의 하루는 '합격'이다. 될 놈은 된다. 내가
바로 그 '될 놈'이다.

100% 능력 발휘해서 많은 것을 익혀 준 나의 뇌, 정말 고맙다. 튼튼
하게 날 받쳐 준 허리도, 또랑또랑 많은 것들을 볼 수 있었던 눈도,
계속 한 자세로 있어 뻐근한 내 무릎과 어깨도 정말 애 많이 썼다.
자는 동안 모든 피로를 풀고 내일 아침 상쾌하게 일어나야지.

A와 B의 하루를 간단히 도표를 통해 비교해 보자. 당신도 느꼈겠지
만 A는 장수생, B는 단기 합격생의 하루다.

장수생(A)	단기 합격생(B)
• 안드로메다로 빠지는 흐릿한 목표의식	• 합격을 향한 뚜렷한 목표의식
• '합격할 수 있을까?' 걱정 가득	• '될 놈은 돼!' 자신감 충만
• 안 되는 만 가지 이유 찾기	• 되는 백 가지 이유 찾기
• '어떻게 되겠지!' 무뎃포 정신	• '이렇게 하면 돼!' 치밀한 전략가
• 자신을 닦달하고 비난하는 데 도사	• 자신을 인정하고 칭찬하는 데 도사
• 소소한 불평거리 발견하는 데 도사	• 소소한 감사거리 발견하는 데 도사

장수생이 불평하며 쉽사리 자책하고 실망하는 동안 단기 합격생은
자신에 대해 좀 더 너그럽게 판단하고 해결 방안을 찾는 데 초점을 맞
춘다. 당신은 어느 쪽에 가까운가?

다시 한 번 묻겠다. 당신은 어느 쪽을 선택하고 싶은가?

왜 긍정이 합격뇌를 만들고 승리를 앞당기는가? 긍정성은 학업 능률을 높이고 어려움을 빨리 극복하게 해주기 때문이다. 이를 뒷받침하는 많은 연구 결과들이 있다.

첫째, 편안하고 즐거운 기분은 뇌를 활성화시키고 이것은 집중력과 기억력을 향상시킨다

독일 괴팅겐대학 심리학과 게르트 뤼에 교수는 심리 검사를 통해 명랑한 그룹과 우울한 그룹으로 나누어 자연과학 도서를 읽게 했다. 책을 읽은 후 내용을 그대로 반복해 옮기는 단순한 과제와 그 내용을 응용해 문제를 푸는 복잡한 과제가 주어졌다. 그 결과 읽은 것을 그대로 옮기는 단순 과제에서는 두 그룹이 별 차이를 보이지 않았으나, 복잡한 과제에서는 명랑한 그룹이 훨씬 더 뛰어난 능력을 보였다.

기분이 좋을 때는 뇌의 모든 능력이 문제 해결을 위해 사용되지만, 기분이 나쁜 상태에서는 뇌 기능의 일부가 우울한 기분을 극복하는 데 쓰이기 때문에 그만큼 문제 해결 능력이 떨어진다. 따라서 즐겁고 명랑한 기분으로 공부하는 것이 마지 못해 우울한 기분으로 공부하는 것보다 훨씬 학습 효과가 높다.

둘째, 긍정은 판단력과 성과를 향상시킨다

다섯 살 된 아이들을 여러 집단으로 나누고 팔짝팔짝 뛸 만큼 기쁘거나 미소 짓게 만든 행복했던 순간을 떠올리게 하고 평범한 과제를 주기도 했다. 그런 다음 모양을 구분하는 학습 과제를 수행하게 했다. 그 결과 아주 기쁘거나 행복했던 일을 떠올린 아이들이 비교 집단보다 학습 성과가 훨씬 더 좋았다.

아이뿐만 아니라 어른들도 마찬가지다. 의사들을 대상으로 환자를 진료하기 전에 사탕 봉지를 준 집단, 히포크라테스 선서를 낭독하게 한 집단, 아무것도 안 한 집단으로 나누었다. 진료 후 진단의 정확성을 측정했는데, 어느 집단이 가장 효율적이고 정확하게 진단을 했을까? 아무래도 의사니까 의료의 본질을 되새길 수 있는 히포크라테스 선서를 낭독한 집단이 아닐까?

그러나 결과는 히포크라테스 선서가 아니라 사탕 봉지를 받은 집단이 진료를 가장 잘했다고 한다. 사탕 선물을 받고 기분이 좋아진 덕이다.

기분이 좋아져 뇌가 활성화되면서 좀 더 폭넓게 사고하게 되고, 성급하게 결론내는 걸 예방해 성과를 향상시킨 것이다.

셋째, 긍정은 회복을 빠르게 한다

대표적인 긍정심리학자 프레드릭슨은 실험 참가자들에게 1분간 스피치 준비를 해서 발표하고 나면 바로 이어 동료들의 평가를 받게 하겠다고 했다. 그 후 규정을 바꿔 발표 대신에 영상물만 보면 된다고 했다. 그리고는 4그룹으로 나눠서 각각 즐거운 영상, 편안한 영상, 아무런 느낌이 들지 않는 영상, 슬픈 영상을 보여 주었다. 이때 긴장감으로 인해 올라갔던 심장 박동, 혈압 등이 정상으로 돌아오는 데 걸리는 시간을 측정했다. 결과는 어땠을까? 즐겁고 편안한 긍정적 영상을 본 집단의 회복이 가장 빨랐고, 슬픈 부정적 영상을 본 집단의 회복이 가장 느렸다. 이렇듯 긍정의 에너지는 수험 생활의 불안, 긴장, 실망의 감정 속에서도 빠르게 회복할 수 있는 힘을 준다.

긍정성은 단순히 좋은 것 이상으로 뇌와 몸에 실질적 영향을 미쳐 당신의 합격을 앞당긴다. 긍정의 힘을 덧붙이면 같은 시간과 노력이 들더라도 성과가 올라간다. 해볼 만하지 않은가?

운칠기삼?
행운은 긍정적인 사람에게 따른다

 수험생들 사이에도 '운칠기삼'이라는 말이 떠돈다. 합격에는 운이 70%, 노력이 30% 작용한다는 말이다. 이 말을 처음 들었을 때는 설마 하는 마음에 약간 불안하기도 했다. 똑같이 열심히 했는데 합격한 A와 아슬아슬하게 떨어진 B의 차이는 단지 시험 운 때문이란 말인가? 그렇다면 나는 시험 운이 따르는 사람일까?

스스로의 판단을 믿지 못하면 남의 믿음을 따라가게 된다. 그래서 점을 보는 등 엉뚱한 사람에게 자신의 합격 여부를 물어보는 것이다. 처음 시험 준비할 때 점을 보고 온 가까운 친척이 필자를 말렸다.

"미화야, 공무원 시험은 좀 붙기 힘들다더라. 재수해서 교대 가는 건 어떠니? 지금 가도 늦지 않아."

수험 교재까지 모두 사 놓고 본격적으로 시작하려던 차에 이게 웬 날벼락인가? 필자는 이 말에 신경 쓰는 대신, 오히려 운이 7이라면 그

운까지도 내가 만들겠다고 다짐했다. 좋은 생각과 마음이 있는 곳에 운도 따라오게 되어 있는 법, '아무리 상황이 어려워도 될 놈은 된다, 나는 될 놈이다' '나는 참 복이 많다' 라고 되뇌었다. 운을 끌어당기는 주문을 외우고 다닌 셈이다.

'운이 없다' 말하는 사람들의 3가지 핑계

노력으로도 안 되는 게 있다며 자신에겐 운이 참 안 따라 준다고 말하는 사람도 있다. 무슨 말을 하고 싶은 건가? 운이 없으니 노력해도 안 된다는 말인가? 운 때문이니 하늘이 책임져야 한단 말인가? 앞으로도 계속 실패할 예정이란 말인가?

흔히 운이 없었다고 말하는 사람들은 항상 시험 난이도, 당일의 실수, 컨디션…… 이 세 가지 중 하나를 핑계 삼는다.

첫째, 시험 당일 실수해서 아는 것을 다 틀렸다

이게 정말 운일까? 아는 것을 다 틀렸다는 말은 결국 확실하게 공부하지 않았다는 것이다. 꼭 2% 부족한 공부 습관이나 공부량을 운과 연관짓는데, 그런 생각부터 버려라. 공부 방법과 공부량은 노력 여하에 따라 바뀔 수 있으므로 희망이 보이지만, 운이 없다는 말은 스스로에게 던지는 저주나 다름없다. 역으로 아리송한 문제를 운으로 맞힌 기억도 있을 것이다. 왜 그런 건 기억하지 못하고 나쁜 것만 부각시켜 스스로에게 운이 없는 사람이라는 꼬리표를 붙이는가.

둘째, 시험 난이도가 내가 예상한 것과 달랐다

단도직입적으로, 시험 난이도를 미리 알 수 있다면 과연 합격할까? 난이도가 높다는 것은 지엽적 지식을 외워야 한다는 것인데, 기본서와 기출문제를 완벽하게 소화한 후 부가적으로 심화 학습을 할 수 있을 만큼 시간과 능력이 충분한가? 시험 문제가 어렵게 출제돼서 틀렸다는 말은 실상은 '시험 문제를 미리 알지 못해서 틀렸다'라는 것과 같은 말이다. 매년 달라지는 시험 난이도를 강사도 수험생도 미리 예측하려고 달려들지만 사실 안다고 해서 달라질 것은 별로 없다.

생뚱맞은 문제, 즉 틀리라고 출제된 문제는 틀려도 괜찮다. 합격 커트라인은 기본서와 기출문제의 내용만 확실히 이해하면 맞힐 수 있는 문제들의 합산으로 결정되기 때문이다. 어렵게 출제되면 평균 점수가 낮아져 커트라인도 내려가고, 쉽게 출제되면 올라간다. 100점 만점을 맞아야만 합격하는 게 아니다. 합격 커트라인만 넘으면 된다. 즉, 합격에 영향을 미치는 것은 기본서와 기출문제를 얼마나 철저히 공부했느냐에 달렸다.

무엇이 당신의 합격을 결정하는가. 누구도 예측할 수 없는 시험 난이도인가? 아니면 당신의 공부 방법과 수준 문제인가?

셋째, 시험 당일 컨디션이 나빴다

'시험 1주일을 앞두고 감기에 걸렸다' '시험 전날 잠을 제대로 못

잤다' '시험 당일 밥을 먹었는데 갑자기 체했다' '시험 문제가 갑자기 잘 읽히지 않았다' 등등. 이건 운이 나쁜 게 아니라 시험 불안 증상이다. 시험으로 인한 걱정, 불안, 부담, 긴장 등 스트레스가 감당할 수 없을 만큼 커져서 몸과 마음의 방어 체계가 무너지면서 탈이 난 것이다.

'운칠기삼'이라는 말은 사실 '운이 따르도록 마음을 다스리는 것이 공부하는 것보다 더 중요하다'는 지혜일지도 모른다.

실상 시험 운이라 치부하며 어쩔 수 없다고 믿었던 것들이 공부 방법을 바꾸고 마음을 긍정적으로 다스리면 바뀐다는 것을 깨달았을 것이다. 예전처럼 자신에게 운이 없다고 저주할 것인가, 아니면 낯설지만 운을 끌어당기는 방법을 훈련할 것인가?

선택의 열쇠는 언제나 자신에게 있다.

당신이 가진 모든 것은 당연한 것이 아니다

영국의 유명한 작가 G. K. 체스터턴은 그의 작품 《정통》에서 다음과 같이 말한다.

감사야말로 모든 행복의 시금석이다. 어린이들은 산타클로스가 양말 속에 장난감이나 사탕을 넣어 두면 고마워한다. 지금 내 몸을 지탱하고 있는 한 쌍의 건강한 다리가 만약 산타클로스의 선물이라면 당연히 고맙지 않겠는가? 누군가 생일 선물을 주면 고마워한다. 그런데 생명이라는 생일 선물에 대해서는 왜 감사하지 못하는가?

문제없이 굴러가는 일상의 모든 것들이 당연하게 느껴지면 감사함은 사라지고 불만이 고개를 들기 마련이다. 조금이라도 불편하면 화가 나고, 밥이 맛없으면 마음에 안 들고, 부모님의 잔소리도 짜증이 된다. 이건 이래서 화나고, 저건 저래서 짜증 나고, 온통 불만거리만 보이는데 어디서 기쁨, 감사, 행복을 느낄 수 있겠는가?

필자는 공부하면서 어느 것 하나 당연하게 생각하지 않았다. 어두 컴컴한 골방에서 힘들게 공부할 뻔했는데 이모 가족의 지원으로 공부에만 몰두할 수 있는 환경이 마련되어 더 그랬는지도 모른다. 지구 환경과 빈곤 문제에 관심을 가지고 있었던 점도, 모든 혜택을 당연한 것이 아니라 감사하게 받아들이는 바탕이 되었다. 아프리카 어린이들은 굶고 있는데 나는 이렇게 따뜻한 도시락을 먹으면서 편안하게 생활할 수 있으니 복 받은 것이라 생각했다.

시험 제도 자체에 대해서도 감사해했다. 많은 사람들이 공무원 시험이 암기 위주의 시대착오적 방식이라고 투덜거렸지만 돈도, 빽도, 경력도 없는 20대 후반의 나에겐 새롭게 반전을 꾀할 절호의 기회였다. 나라고 비판할 것이 없어서 가만히 있었겠는가? 합격에 도움이 되지 않기 때문에 의도적으로 생각을 비운 것이다. 아니꼬우면 시스템의 룰을 바꿀 수 있는 위치가 되어 바꾸면 된다. 소모적인 불평만 하는 건 패자의 몫일 뿐이다.

문제를 다른 각도에서 바라보고, 조금만 의식을 확장해서 생각하면 당신이 가진 모든 것은 당연하지 않다.

긍정의 바탕은 '감사함'

긍정의 밑바탕은 일상의 소소한 것들에 대한 감사함에서 나온다. 지금 주변을 둘러보자. 지금 이 순간 공부할 책이 있고, 도서관에 앉아 공부할 수 있는 튼튼한 몸이 있고, 볼펜심도 잘 나오고, 종이도 풍족하고, 모르면 바로 질문할 수 있는 인터넷도 있다. 지금 이 순간 당신이 더 가져야 할 게 무엇인가? 스스로가 온전하고 충분하다는 것을 느낄 때 가슴속으로부터 따뜻한 충만감이 차오른다. 이 느낌이 긍정적 영향을 발휘해 공부에 전념하는 힘이 된다.

의도적으로 감사한 마음을 가져보자. 뇌의 회로를 감사함에 고정시킨다. 어렵지 않다. 또 습관적으로 불평하고 있는 자신을 발견했다면 의식한 그 순간 바로 멈춰라. 마음속으로 '당연하지 않다' 라고 외치고, 감사할 일을 찾아보자.

칭찬과 집중력의 신기한 관계

오늘 당신의 마음은 어떠한가? 혹시 불안해하거나 축 처져 있는가? 잘될지 모르겠다고 의기소침해 있다면 더욱더 부족한 것만 눈에 들어오기 마련이다. 자꾸 못한다고 구박하는 사람이 있으면 피하고 싶듯, 공부하면서 스스로를 구박하면 공부하고 싶지 않게 된다. 공부가 싫은데 어떻게 합격이 빨라지겠는가? 합격을 앞당기고 싶으면 공부 자체를 즐겨야 하고, 즐기기 위해서는 학습 과정에서 성취감을 느낄 수 있는 요소인 칭찬이 필수적이다.

당신은 스스로에게 칭찬을 얼마나 하고 있는가? 잘 안 외워졌던 것이 외워지는 순간, 문제를 맞힌 순간 자신에게 충분히 칭찬해 주고 있는가? 잘한 것은 당연한 것이고, 못한 것에만 초점을 맞춰 '까먹었네, 또 틀렸네'라며 구박하고 있지 않은가? 혹시 칭찬할 것이 없다고 생각하는가?

마음이 바늘방석 같아 웬만한 건 성에 차지 않는 당신 심정 충분히 이해가 간다. 하지만 10시간 이상 공부를 해야 칭찬받을 만하고 몇 번 본 건 까먹지 않아야 칭찬받을 만하다면 당신의 수험 생활에는 늘 먹구름이 낄 것이다.

결과가 아니라 과정에 포커스를 맞추면 칭찬할 거리들이 절로 생긴다. 모르는 걸 그냥 지나치지 않고 좀 더 성실하게 공부하고 있는 부분, 아침에 좀 더 규칙적으로 일어나는 것, 어려웠던 부분이 이제는 이해가 된다거나, 인터넷을 예전보다 자제하는 습관이 들었다든지 자세히 살펴보면 나아지고 있는 부분들이 분명 있을 것이다.

조금이라도 잘한 게 있으면 '역시 잘했어! 어쩜 이렇게 차근차근 잘 익혔니? 머리에 쏙쏙 들어오게 집중도 참 잘하고 있어' 이렇게 칭찬해주자. 그 칭찬의 힘 때문에 학습 능률이 상승할 수 있다.

성취감 느끼면 쾌락 호르몬 나와 집중력 향상된다

성취감, 칭찬, 기쁨 등을 느끼면 우리 뇌에서는 쾌락 호르몬인 도파민과 안정감을 주는 세로토닌이 분비된다. 공부 자체가 즐거운 일이 되는 것이다. 즐거운 기분은 뇌를 활성화시켜 기억력과 집중력을 높인다.

반면 자꾸 못한다고 자책하면 스트레스 호르몬인 코르티솔이 분비되면서 기억력, 집중력, 이해력 등 인지 기능이 떨어질 뿐만 아니라 면역력도 떨어져 소화도 안 되고 자주 아프다. 똑같은 노력을 들여 공부하면서 칭찬 바이러스로 합격을 앞당기고 싶은가? 아니면 구박하며 슬럼프에 빠져 시간을 낭비하고 싶은가? 오늘부터 조금씩 칭찬하는 습관을 늘려 보자.

생각은 실재한다 :

인간의 마음이나 생각은 눈에만 보이지 않을 뿐 실재한다. 공무원 시험 준비 전 대안 학교 선생으로 있을 때 학생들과 '마음의 힘'에 관한 실험을 했었다. 샬레 두 개에 각각 밥을 조금씩 담고 한쪽에는 '사랑해, 고마워, 예뻐' 등 긍정적 이야기를, 반대쪽에는 '미워, 싫어, 나빠' 등 부정적 이야기를 보름간 하게 했다. '미워'라는 말을 들은 밥은 '사랑해'라는 말을 들은 밥보다 곰팡이가 훨씬 더 많이 피고 색도 어둡고 까맸다. 머리로만 알고 있었던 말의 힘, 생각의 힘, 긍정의 힘을 실제로 본 순간이었다.

수험생이 아닌, 합격생으로 1년을 보내라

수험생한테 합격생으로 지내라는 말이 언뜻 잘 이해되지 않을 수도 있을 것이다. 수험생이 아닌 합격생으로 지낸다는 것은 합격한 자신의 미래를 생생하게 그리고, 합격한 것과 동일하게 자신감 있고 기운차게 지내라는 뜻이다.

필자는 공부할 때 매일매일 생생하게 합격을 꿈꾸고 일상에 대한 감사, 자신에게 보내는 칭찬, 미래의 합격, 인생의 비전 등 긍정 에너지로 하루의 80% 이상을 채웠다. 합격 일기 미리 쓰기, 모의 합격증을 만들어 보면서 마음 다지기, 내가 내 휴대전화에 전송한 합격 문자를 보면서 소리 지르고 좋아하기 등 다양한 노력을 했다. 수험 생활이 내 인생에서 가장 치열하고 행복한 시절 중 하나였다고 당당히 말할 수 있는 건 그 노력의 산물이다.

합격 여부는 어차피 결과가 나오기 전까지는 누구도 알 수 없다. 결과를 두고 불안해하는 것은 어리석은 짓이다. 그렇게 하는 대신 나에게 유리한 쪽으로 상상하고 걱정을 내려놓았다. 내가 합격하는 건 기정사실이지만, 아무런 노력 없이 공짜로 얻어내는 것은 미안한 일이니 하루 10시간 정도는 공부해 주자고 생각했다.

어떤 사람들은 이런 이야기를 들으면 나를 별종으로 여기고, 자신과는 먼 이야기로 받아들이곤 한다. 자신은 그렇게 하기엔 너무 부정적인 성격이라 힘들다고 이야기하고, '긍정' 이라는 단어 자체에 알레르기 반응을 보이기도 한다.

필자라고 왜 불안하고 힘들지 않았겠는가? 9급 시험 후 바로 준비한 7급 시험을 앞두고서는 수십 미터 바닷속에 가라앉는 듯한 압박감이 느껴졌다.

그 속에서도 끊임없이 나를 긍정 에너지로 채울 수 있었던 것은 내 삶이 벼랑 끝에 던져진 듯한 절실함과 불안감 때문이었을 것이다. 그 무게를 이겨냈던 가장 큰 힘이 나를 '합격생으로 바라본 노력' 이었다.

자신을 합격생으로 바라보고 강렬한 열정을 가지는 것만으로도 그냥 공부할 때보다 높은 성과를 낼 수 있다. 강력한 열정이 뇌를 더 많이 활성화시켜 지식을 습득하는 데 모든 에너지와 집중력을 동원시키기 때문이다.

하지만 한번 강렬한 열정을 가졌다고 해서 그 노력이 계속 유지되지는 않는다. 열정을 지속시키는 것은 대단히 힘든 일이다. 때문에 꾸준하게 유지할 수 있는 습관을 만드는 것이 상당히 중요하다. 의지할데라고는 자기 자신밖에 없는 수험 생활에서 본인의 꿈과 혼연일체가되어 열정을 유지해 갈 수 있는 방법을 찾아보자.

모의 합격증 보며 합격 에너지 가득 채우기

공부할 때 필자는 항상 직접 만든 모의 합격증을 곁에 두었다. 독서대 뒤에 두고 집중이 흐트러지면 합격증을 보면서 다시 힘을 얻었고, 방에도 모의 합격증을 붙여 놓고 합격을 상상하며 잠들었다. 집으로 올라가는 엘리베이터에서는 셀프 합격 문자를 보면서 실제로 합격 소식을 들은 것처럼 '합격이다. 드디어 합격했다!' 라면서 폴짝폴짝 뛰며 좋아하기도 했다.

합격을 생생하게 상상할 때 느낄 수 있는 그 기쁨을 수험 생활의 원동력으로 삼은 것이다. 생각한 대로 모든 것이 이루어지진 않겠지만 모든 결실은 이것으로부터 시작된다. 이런 노력이 합격을 보장하진 않지만 그 감정이 원천이 되어 하루하루 최선을 다할 수 있게 된다.

특히 거의 매번 공부 시작하기 전에 모의 합격증을 보면서 자기암시를 하곤 했다. 공부 시작 전 1~2분 동안 눈을 감고 몸의 긴장을 풀며 편안하게 앉는다. 손은 무릎 위에 자연스레 올린다. 몸과 마음을 천천히 살피면서 '이미 잘하고 있어. 정말 충분히 잘하고 있어' 라고 스스로에게 따뜻한 위로와 격려를 보낸다.

　건강하게 책상에 앉아 공부할 수 있는 환경에 감사의 마음을 보내고, 할 수 있는 모든 긍정적 칭찬과 감사 인사로 가슴을 따뜻하게 한다. 마음이 따뜻해지면 스스로에게 이런 말을 전한다.

　이제 공부를 시작하려고 한다. 점점 집중력이 높아지고 있고 공부가 잘된다. 이 책에 있는 것만 다 외우면, 이 부분만 잘하면 합격이다. 이까짓 것쯤이야, 난 충분히 할 수 있다. 나는 충분히 할 수 있는 능력과 자격이 된다. 책에 있는 내용을 이해할 것은 이해하고, 암기할 것은 암기하고, 시험에 나올 문제들만을 골라 공부한다. 효과적으로 공부하니 시험장에서 해답들이 내 눈에 쏙쏙 들어온다.

　온몸에 분포한 60조 개의 세포들은 나의 합격을 위해서 100%, 아니 200% 힘을 내고 있다. 난 지금 합격을 부르는 공부를 한다.

　합격해서 멋진 정장을 입고 당당하게 회사의 문을 열고 들어선다.

　내가 하는 공부는 합격과 직결되는 공부다.

합격 일기
미리 쓰기

긍정 에너지로 충전했다면 다음엔, 미래에 합격한 내가 되어 합격 일기를 작성해 보자. 합격을 확인한 순간의 느낌은? 최종 합격 발표 후 누구에게 가장 먼저 합격 소식을 알리고 싶은가. 합격 소식을 들은 부모님, 친구들, 친척들은 뭐라고 축하해 줄까? "아유…… 그동안 고생 많았다. 될 줄 알았어. 자랑스럽다." 그동안의 고생을 모두 보상 받은 듯하다. 그 기쁨과 감격으로 가슴이 벅차오른다.

출근하는 근무지의 모습은 어떠한가? 당신의 첫 출근 복장은? 검은색 베이스 정장? 아니면 조금 멋을 낸 세미 정장? 당신의 표정은? 일하는 기분은 어떨까? 뭔가 설레기도 하고 어색하기도 한 신입 직원 특유의 풋풋함과 긴장감이 느껴진다.

드디어 합격했어. 정말 최고야, 브라보!

오늘 드디어 합격했다. 그토록 바라던 걸 이루다니. 내 자신이 너무나 기특하고 자랑스럽다. 공부하는 동안 하고 싶었던 게 정말 많았는데, 막상 붙고 나니 무엇부터 해야 할지 모르겠다. 정말 꿈만 같다. 가슴이 두근거린다.

그동안 수고한 내 자신이 대견하다. 항상 나를 믿어 주신 부모님과 친구들이 고맙다. 앞으로도 이렇게 열심히 살아야겠다.

새로운 세상과 만나는 나는 벌써부터 가슴이 떨린다. 초심을 잃지 말아야겠다. 내가 한 그동안의 모든 일들이 매일매일의 작은 기적이 되어 오늘의 나를 만들었다.

1년 만의 이 커다란 기적에는 운도 따라 줬지만 하루하루의 노력이 없었다면 불가능했을 것이다. 내가 이렇게 공부와 일체가 되어 건강하고 씩씩하게, 그리고 행복할 수 있도록 도와준 이 세상 모든 존재에 감사한다. 앞으로 얼마나 더 안정되고 창창한 미래가 펼쳐질까? 상상만으로도 즐겁다.

이와 같이 미래에 합격한 자신의 모습을 미리 일기로 써 본다면 현재 힘든 수험 생활에만 매몰되지 않고 무엇을 위해 이렇게 힘들게 공부하는지, 힘들어도 왜 포기하지 않는지 새삼 깨닫게 된다. 우리 뇌는 이렇듯 의미 있고 중요한 일을 한다고 판단하면 더 활성화되고 학습 효과도 높아진다. 자신의 행동 가치를 알게 되면서 동기가 더 폭발하는 것이다.

나만의 합격 일기 쓰기

긍정 호르몬 :

진심 어린 감사, 합격 상상 등 긍정적 생각을 할 때 우리 뇌와 몸에서는 어떤 일이 일어날까? 뇌에서 세로토닌 등 긍정 호르몬이 분비되고 뇌 혈류가 원활하게 흐른다. 그 덕분에 가슴에서 따뜻한 감정이 생기고 의욕도 넘친다. 뿐만 아니라 몸의 면역력도 높아지고 활력이 샘솟는 상태가 된다. 긍정적 생각이 불러일으키는 힘이다.

힘든 수험 생활 속에서도 살맛나는 느낌을 주는 힘, 바로 뇌에서 분비되는 긍정 호르몬 덕분이다.

합격을 위한 자기암시를 할 때의 핵심은 편안하고 따뜻한 감정 유지이다. 머리로는 할 수 있다고 하면서 마음은 할 수 없다고 생각하거나, '이렇게 해서 되겠어?'라고 스스로를 닦달하고 있다면 여전히 불편하고 무거운 기분이 들 것이다.

긍정적 생각은 긍정적 감정이 뒤따를 때 비로소 에너지가 된다. 건성으로 하는, 진심이 담기지 않은 긍정적 생각은 안 하는 것보다 낫겠지만 큰 힘을 발휘하지 못한다. 감정을 강조하는 건 감정이 행동력이 되기 때문이다. 흔히들 사람은 이성에 따라 행동한다고 믿고 있지만, 행동을 일으키는 건 실상 감정이다. 그러니 모의 합격증이나 합격 일기 외에도 기쁨, 의욕, 희망 등 긍정적 감정을 이끌어낼 수 있는 자신만의 비법을 찾아보자.

가령 노래는 감정에 직접 영향을 주기 때문에 성취, 자신감, 의욕을 북돋우는 노래를 자주 부르면 좋다. 필자는 쉬는 날에도 의도적으로 음악을 들으면서 스스로를 응원했다. 가능성, 희망, 용기를 북돋워 주는 음악은 수험 생활의 든든한 지지자였다.

생각만으로 기분이 좋아지지 않으면 순서를 바꾸면 된다. 우선 의도적 행동을 먼저 일으켜 기분을 붕 띄운 다음 합격 상상을 하는 것이다.

필자 또한 좋은 기분을 유지하려고 남들이 보면 미쳤다고 할 만큼 다양한 노력을 했다. 혼자 독서실 옥상에 올라가 합격한 기분을 만끽하며 막춤을 추고, 이를 닦으면서 화장실에 아무도 없으면 '짱구춤'을 추기도 했다.

너무 지치고 힘들어서 스스로를 격려하려 해도 잘 안 되면, 도서관 출퇴근하는 차 안에서 무작정 웃었다. 미친 사람처럼 그렇게 마냥 5분 이상 웃다 보면 기분이 전환되고 생각이 달라진다. 직접 실천해 보면 알겠지만, 웃을 일도 없는데 소리 내서 5분 이상 웃는 건 생각보다 힘들다. 초반 몇 분은 이렇게까지 해야 하나 싶어 좀 괴롭기도 하지만, 5분 이상 마냥 웃고 나면 정말 기분이 상쾌해진다.

비정상적 수험 생활에서 감정을 올리기 위한 인위적 노력은 필수

이렇게까지 해야 하나? 꼭 이럴 필요가 있을까? 처음엔 어색하고 억지스러울 수도 있다. 만약 하루 8시간 정도만 공부하고 쉬어도 합격할 수 있다면 이렇게 억지스러운 노력을 할 필요는 없다. 여유 시간에 당신 취향에 따라 영화도 보고 친구도 만나면서 즐겁게 에너지를 채우면 될 테니 말이다.

하지만 그것이 가능한가? 수험 생활은 자연스러운 일상생활이 아니기 때문에 자기암시나 기분을 좋게 하는 인위적 행동이 필요하다. 당신이 좋아하는, 당신을 살맛나게 하는 수많은 일들을 1년 동안은 절제하고 차단해야 한다. 이 얼마나 인위적인 상황인가?

이런 비정상적 상황에서 정상적 생활을 누릴 때와 똑같은 방식으로 사고하고 행동한다면 수험 생활을 지속하기가 너무나 힘들다. 수험생은 항상 불안과 걱정에 휩싸이기 쉬운 여건에 처해 있기 때문이다.

우리는 육체적으로 힘든 일을 할 때, 몸을 보호하기 위해 장갑도 끼고 보호대도 한다. 수험 생활도 정신적으로 힘든 상황이기 때문에 정신 무장이 필수다. 위에 언급한 행동뿐 아니라 당신의 정신을 보호하고 에너지를 좋게 할 수 있는 것이라면 무엇이든 좋다. 종교가 있다면 기도를 하는 것도 한 방법이다.

명심하라. 수험 생활은 정신적으로 대단히 힘든 도전이고, 이 어려움을 끄떡없이 헤쳐 가려면 정상적 생활을 할 때는 필요 없던 다양한 정신 무장이 필요하다.

처음에는 힘들겠지만 이런 것들을 반복적으로 연습하다 보면 당신의 에너지 창고는 자신도 모르게 가득 차서 웬만한 슬럼프에는 끄떡하지 않는 당신으로 만들어 줄 것이다.

합격뇌를 만드는
5가지 생각 훈련

늙은 인디언 추장이 자기 손자에게 말했다.

"얘야, 우리 모두의 마음속에서는 두 늑대가 싸우고 있단다. 한 마리는 나쁜 늑대로, 그놈이 가진 것은 화, 질투, 슬픔, 후회, 탐욕, 거만, 자기 연민, 죄의식, 원한, 열등감, 거짓, 자만심, 우월감, 자기 의심 그리고 이기심이란다.

다른 한 마리는 좋은 늑대로, 그가 가진 것은 기쁨, 평화, 사랑, 희망, 인내심, 평온함, 겸손, 친절, 자선, 공감, 관대함, 진실, 열정 그리고 믿음이란다.

이 두 마리 늑대는 항상 너의 마음 안에서 싸우고 있는데, 세상의 모든 사람들의 마음속에도 똑같은 싸움이 일어나고 있단다."

"어떤 늑대가 이기나요?"

손자가 묻자 추장은 간단하게 대답했다.

"네가 먹이를 주는 놈이 이기지."

이 인디언 추장의 말처럼 당신이 먹이를 주는 쪽이 이긴다. 애석하게도 나쁜 늑대는 좋은 늑대보다 힘이 세다. 나쁜 일로 죽는 경우는 있지만 좋은 일로 죽는 일은 없는 탓인지, 우리 뇌는 나쁜 사건에 더 잘 반응하도록 진화되었다.

자신의 긍정성을 유지하기 위해 어떤 생각을 선택하고 있는지 잘 생각해 보고, 그것을 바꾸기 위한 노력을 게을리해선 안 된다. 지금부터 수험생들이 빠지기 쉬운 부정적 생각 5가지를 어떻게 바꿔야 하는지 알아보자.

나쁜 늑대	좋은 늑대
이게 시험에 나올까?	내가 공부한 게 모두 시험 문제다
더 잘해야 돼	이미 잘하고 있어
남들과 비교하기	자신을 칭찬하기
해야 한다	선택했다, 하고 싶다
머리 때문에 안 돼	노력하면 돼

'이게 시험에 나올까?' 대신 '내가 공부한 게 모두 시험 문제다'

나는 다음의 두 가지 주문을 책상 앞에 적어 놓고 수시로 읽으며 불안감을 날려 버리고 마음의 안정을 찾았다.

❶ 내가 공부한 게 모두 시험 문제다

공부를 하다 보면 '아니, 이런 것까지 외워야 해? 이런 게 정말 나오기나 해?' 하는 생각이 들 때도 있다. 공부한 부분이 문제로 나올지 아닐지 그것만 머리로 재고 있으면 공부에 전념할 수가 없다. 당신이 암기의 치사함에 대해 불평불만하며 머리를 굴리고 있을 동안, 단기 합격생은 그냥 쿨하게 외워 버린다.

'내가 공부한 건 모두 시험에 나오고, 시험에 나올 건 다 내가 공부하게 된다!'

이런 마음가짐이 최선을 다하는 자세이다.

❷ 모든 필요한 것은 내 앞에 있고, 필요한 모든 것은 내게 온다

교재에 없는 부분이 문제로 나올까 봐 문득문득 불안해질 때가 있다. 이럴 때 이것보다 더 안정감을 주는 말은 없을 것이다.

> 내게 필요한 것은 내 앞에 있고(내가 공부하는 것들 중에서 다 시험에 나오고), 필요한 모든 것은 내게 온다(설령 공부하는 것 중에 부족한 부분이 있으면 스스로 찾아 공부하게 된다)[2].

이 정도면 모든 것이 완벽한 것 아닌가?

이런 믿음 속에 있으면 필요한 걸 발견했을 때 '역시, 필요한 순간에 필요한 게 나타났어. 나는 잘될 거야'라는 생각에 감탄하며 감사하

---

2) 루이스 L. 헤이, 《치유》, 나들목

게 된다. 온 우주가 나를 돕는 쪽으로 움직이고 있다고 확신하게 된다. 아마 신앙인이 하느님이나 부처님의 은혜를 일상에서 발견할 때의 느낌과 비슷할 것이다.

두려움은 나를 가두고 희망은 나를 자유롭게 한다. 마음에서부터 지고 들어가는 사람과 이기고 들어가는 사람 중 누가 최선을 다할 수 있을까?

'더 잘해야 돼' 대신 '이미 잘하고 있어'

"더 잘해야지. 정신 똑바로 차려! 이것밖에 안 돼? 좀 제대로 해라."

이런 말을 부모님이 당신에게 했다면? 아마 발끈했을 것이다. 그런데 이 말을 당신에게 가장 많이 하는 사람은 누굴까? 바로 당신이다. 잘하고 있는 건 안중에도 없고 못하는 것만 귀신같이 집어서 24시간 다그치는 무서운 당신. 다른 사람이라면 피하기라도 하지, 자신에게선 도망칠 수도 없다.

당신이 정말 더 잘하길 바란다면 다그침이 아니라 위로, 인정, 격려의 말이 필요하다. 자신을 향해 온갖 비난을 퍼부어 스스로 김을 빼놓고는 무슨 의욕이 생기길 바라는가?

더 잘하라고 밀어붙이면 힘만 든다. 채근질에 의지력이 잠깐 빛날 순 있겠지만, 곧 풍선에 바람 빠지듯 지치고 만다. 합격하는 상상을 해도 기분이 좋아지지 않는다면, 충분히 휴식을 취해도 의욕이 생기지 않는다면 그 이유는 당신의 몸과 마음이 지쳐 있기 때문이다.

그런 당신에게 지금 필요한 건 지친 마음에 대한 위로다(제발 성과에 대한 평가는 잠시 미뤄 두자. 자책은 그동안 한 것만으로도 충분하다). 속상했던 지난 시간을 도려내고 싶을 만큼 후회하는 자신에게 그동안의 시행착오 또한 필요했던 거라고, 그걸 바탕으로 앞으로는 잘될 거라는 용서와 격려가 필요하다. 수많은 절망 대신 희망이 필요한 순간이다.

비록 스스로 기대하는 목표치에 도달하지 못했더라도 누구보다 열심히 노력하고 있지 않은가? 도서관에 내내 붙어 있는 것도 힘들 텐데 앉아 있지 않은가? 쉬고 싶기도 하고, 하고 싶은 것을 참아가며 더 잘하려고 애쓰고 있지 않은가?

'더 잘해!' 대신 '이미 잘하고 있어'라고 이야기하자. '그것밖에 못해?' 대신 '너니까 이만큼이나 할 수 있었던 거야'라고 말하자. '제대로 좀 해라!' 대신 '앞으로 더 잘될 거야'라는 응원을 조곤조곤 건네보자. 고단하고 지친 자신의 마음에 귀를 열고 속 깊은 친구처럼 가만히 이야기를 들어주자.

'많이 힘들지? 내가 위로해 줄게. 그동안 마음먹은 대로 잘 안 돼서 너무 속상하고 짜증 나고 실망스럽지? 힘들고 지쳤을 텐데 너무 몰아세우기만 해서 미안해. 그래도 그동안 애쓴 걸 내가 알잖아. 괜찮아. 항상 새로운 날이 시작되고 새로운 내가 있잖아. 새롭게 시작할 수 있는 힘이 있는 너잖아. 포기하지 않는 내가 널 든든히 받치고 있잖아. 이렇게 잠이 많이 오고 피곤한 것도 뭔가 이유가 있어서 그렇겠지. 우리 너무 구박하지 말자. 잠깐 지쳐 있어도 힘들어 해도 괜찮아.'

'비교하기' 대신 '칭찬하기'

항상 나보다 먼저 나와서 공부하는 저 사람들은 도대체 몇 시에 나오는 걸까? 저 사람은 어떻게 저렇게 책을 빨리 보지? 진짜 열심히 하나 보다. 나도 더 열심히 해야 되는데…… 밥 먹을 때도 서로 문제 내고, 정보 교환하는 사람들…… 이러다 나만 뒤처지는 거 아니야?
어? 저 사람 새 책 샀네. 저 사람은 저렇게 몇 권씩 보는데 난 기본서 딸랑 한 권으로 될까? 쟤는 나보다 나이가 어려서 암기력이 좋겠지? 어린 나이에 공부해서 좋겠다.

시험 경쟁률이 100:1에 육박하는 상황에서 당신 주변 사람 중 몇 명이나 합격하겠는가? 이런 마당에 옆의 사람과 비교해서 조금 더 잘하는 것이 무슨 의미가 있을까?
어떤 수험생은 눈앞에 보이는 사람과 비교하는 것도 모자라 안 보이는 친구까지 끌어들여 스스로를 달달 볶는다.

'아…… 친구들은 회사에 취직해서 잘나가고 있는데 난 괜히 공무원 공부 시작해서…… 난 뭐하고 있는 거지? 나도 그때 같이 취업 준비했으면 지금쯤 월급 받고 휴일에는 편안하게 쉬면서 잘 지내고 있을 텐데…….
아…… 걔는 지금 직장도 있고 결혼도 해서 애도 있는데 큰일 났다. 나는 지금 시험 공부나 하고 있고…… 아…… 이러면 안 되는데…….

당신 스스로도 이런 생각들이 도움이 되지 않는다는 걸 알고 있을 것이다. 스스로 불러들인 부정적인 생각으로 당신 삶을 단 몇 분 만에 실패자, 즉 루저의 삶으로 만들어 버렸다.

굳이 비교를 하고 싶다면, 어제의 나와 오늘의 나를 비교하자. 예전과 비교해 발전하고 있는 부분을 마음껏 칭찬해 주자.

'해야 한다' 대신 '하고 싶다'

수험 생활은 누구에게나 버겁다. 내가 하고 싶어 시작했지만 규칙적으로 생활해야 하고 진도도 딱딱 맞춰 밀리지 않아야 한다. 놀고 싶은 것도 참아야 하고 영어 단어도 외워야 하고, 시험 일정도 챙겨야 하는 등…… 쉽지 않은 일투성이다. 고도로 절제된 생활에 엄청난 공부량, 시험 일정 조율 등 어느 것 하나 만만치 않다.

이럴 때 처음 공무원 시험 준비를 시작한 그 시점으로 돌아가 보자. 무엇을 위해 결심했나? 당신이 하고 싶어 시작한 공무원 공부다. 공무원 못하면 큰일 난다고 협박이라도 받고 있나? 반드시 공무원 공부를 해야 할 사람이라고 법전에 쓰어 있나? 아니다. 그렇다면 당신이 스트레스 받고 힘들어 하면서도 공부를 지속하는 이유가 뭔가? 무엇을 원해 사서 고생하고 있나?

'안정적인 직업을 갖고 떳떳해지고 싶어. 부모님께 효도도 하고 싶고. 좀 새로운 모습으로 사람들을 위해 열정적으로 일하는 공무원이

되고 싶어.'

당신이 원하는 삶을 살기 위해 당신이 지금의 상황을 '선택'한 거다. 당신이 기꺼이 '선택'한 거다. 그 목적을 잠시 잊고 있지 않았나?

지금 바로 여러분이 하고 있는 일을 모두 '해야 한다'에서 '선택했다'와 '하고 싶다'라는 표현으로 바꿔서 적어 보자. 아무리 사소한 것이라도 모두 포함시켜서 말이다.

단순히 표현을 바꾸는 일이지만 이것은 뇌의 반응을 완전히 뒤바꿔 준다. 억지로 할 때 우리 뇌는 스트레스를 받게 되고, 시련을 견디는 힘이 약해진다. 그러나 주도적 선택을 통해 능동적으로 할 때 마음 상태는 완전히 달라진다. 의욕적이 되고 효율도 많이 오른다.

- 아침에 일찍 일어나야 한다 → 아침에 일찍 일어나는 것을 선택했다

  → 아침에 일찍 일어나고 싶다

- 도서관에 일찍 가야 한다 → 도서관에 일찍 가는 것을 선택했다

  → 도서관에 일찍 가고 싶다

- 공부 열심히 해야 한다 → 공부 열심히 해야 하는 것을 선택했다

  → 공부 열심히 하고 싶다

- 못 논다 → 안 노는 것을 선택했다 → 안 놀고 싶다, 합격하고 마음껏 노는 것을 선택한다

- 스터디원들과 잘 지내야 한다 → 스터디원들과 잘 지내는 것을 선택했다 → 스터디원들과 잘 지내고 싶다

- 밤에 잘 자야 한다 → 밤에 잘 자는 것을 선택했다 → 밤에 잘 자고 싶다

잠시 시간을 만들어 바꿔 적어 보니 어떤가? 능동적이고 주체적인 느낌이 들면서 뭔가 마음이 가벼워지지 않는가? 무의식중에 '~해야 해!'라며 가슴에 바위를 얹고 있었다면 단지 의식을 '~하고 싶다'로 바꾸는 것만으로도 바위를 내려놓을 수 있다. 최소한 바위 무게가 지금보다 더 가벼워질 것이다.

'머리 때문에 안 돼' 대신 '노력하면 돼'

공부를 하다 보면 내 뜻대로 안 될 때가 많다.

이번에 시험을 친 A양, 시험 직전 집중적으로 공부를 몰아치지 못해 후회했던 지난번 시험을 떠올리며, 이번 시험에는 절치부심 잠까지 줄여 가며 공부에 돌입했다. 하지만 너무 무리했던 탓일까? 시험 당일 오슬오슬 춥고 콧물이 나와 제대로 집중할 수가 없었다. 게다가, 나름대로 열심히 외운 〈한국사〉 과목에서 헷갈리고 말았다. 임오군란이 1882년임을 분명히 알고 있었음에도 순간 1884년으로 헷갈려 버린 것이다.

낙심한 A양은 자신의 머리 탓, 상황 탓을 하기 시작한다.

나는 정말 암기를 못해. 바본가 봐. 머리가 나쁜데 열심히 해 봤자 뭐가 되겠어? 내년에도 똑같을 거야. 하필이면 시험 당일 아플 게 뭐람. 운이 나쁜 놈은 뒤로 넘어져도 코가 깨진다더니…….

A양처럼 생각하면 공부를 해도 안 될 거라는 편견 때문에 마음을 다잡는 데 시간이 오래 걸리거나 지레 포기하기 쉽다. 머리가 나빠서 노력해도 안 된다고 생각하는데 공부할 맛이 나겠는가? 특히, 머리 탓은 치명적이다. 머리는 단기간에 바꿀 수 있는 부분이 아니기 때문이다.

실망을 실패로, 실수를 죄악으로 과장하는 당신에게 단순히 '다음에는 잘될 거야'라는 막연한 말은 약발이 안 먹힌다. 재판장의 변호사처럼 합리적인 근거를 들어 조목조목 반박해 보자.

피고가 바보이기 때문에 시험에 떨어지고 말 것이라는 생각은 사실이 아닙니다. 피고가 공부 요령이 부족해서 실수가 잦은 건 사실입니다. 많은 수험생들이 그와 같은 패턴을 보이고 있습니다. 국가 연도를 착각해서 문제를 틀린 것도 사실입니다. 하지만 그게 큰 죄인가요? 그거 하나 실수했다고 바보라며, 내년에도 또 떨어질 거라고 비난을 받아야 하나요? 사실 피고는 꾸준히 부족한 부분을 개선해 왔습니다. 물론 그것이 당장 흡족할 만한 수준에 이른 건 아니지만 제대로 된 공부 방법을 익히면서 개선해 가고 있으니 합격에 가까워질 거라고, 잘될 거라고 믿고 있습니다.

컨디션 조절만 해도 그렇습니다. 피고가 운이 항상 나빴던 건 아닙니다. 시험 접수할 때만 해도 작년보다 인원을 더 많이 뽑는다며 올해는 운이 따른다고 좋아했던 피고입니다. 무리한 공부 스케줄로 시험 당일 아프긴 했지만 이건 얼마든지 조절할 수 있는 부분입니다. 이번을 계기로 다음 시험에는 컨디션 조절에 힘써 최상의 상태에서 시험을 치를 것입니다. 이번 한번 아팠다고 안 그래도 아픈 사람 너무 구박하지 마십시오. 다음에는 잘될 겁니다.

어떤가? 한결 기분이 나아지지 않았는가? 시험이 두렵긴 하지만, 다시 시도해 볼 의욕이 생길 것이다.

당신은 성적이 오르거나 내려가면 머리(지능), 노력, 운 중 무엇에 원인을 돌리는가?

공부를 잘하는 사람은 성적이 오르면 '나는 역시 머리가 좋다'고 생각하고, 성적이 내려가면 노력이 부족했기 때문이라 판단하고 '다음에 더 열심히 하면 된다'고 생각한다.

반면 공부를 못하는 사람은 성적이 오르면 '이번엔 운이 좋아서 그랬다'고 생각하고, 성적이 내려가면 '역시 머리가 나빠서 안 된다'고 생각한다.

당신도 공부를 잘하고 싶다면, 오늘부터 공부 잘하는 사람처럼 생각해 보자. 극단으로 치닫는 부정적 생각은 A양의 변호사처럼 조목조목 반박하고, 어려움의 원인을 통제할 수 있는 곳에서 찾으려 노력하면서 합리적 사고 훈련을 하는 것이다.

감정이 생각(뇌)에 미치는 영향 :

뇌에서 감정을 담당하는 변연계가 흥분을 하면 사고를 담당하는 전두엽에까지 영향을 미친다. 그래서 기분이 나쁘면 꼬리에 꼬리를 물고 나쁜 생각들이 눈덩이처럼 커진다. 처음에는 단지 오늘 공부를 좀 덜 했다는 사실이 어느 순간 '나는 시험에 떨어질 거다' 라는 자학으로 변해 있다. '아니야, 괜찮아 내일 더 잘하면 되지' 라고 되뇌어 보지만 큰 효과는 없다. 왜냐하면 생각(전전두엽)이 감정(편도체)에 영향을 미치는 것보다 감정(편도체)이 생각(전전두엽)에 영향을 미치는 '뇌의 길' 이 더 다양하고 강력하기 때문이다.

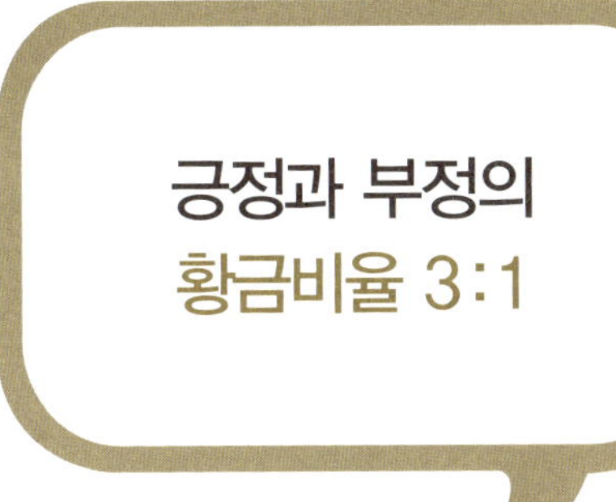

당신은 이제 긍정성이 어떻게 몸과 마음에 영향을 미쳐 합격을 앞당기는지 명확하게 알았다. 일상생활에서 긍정성을 실천하는 방법과 공부 잘하는 사람들의 사고 전략도 익혔다.

그러나 아는 것으로 충분하지 않다. 당신의 일상에서 긍정성을 훈련하는 것이 필요하다.

긍정성이 좋다고 해서 '할 수 있다'라며 무조건 격려하고 칭찬해보지만 그때뿐, 사소한 일로 금세 부정적이 되는 자신을 보면, 긍정도 별 효과가 없는 듯해 보이기도 한다.

긍정적이 되려는 당신의 노력이 왜 별 효과가 없는 것처럼 느껴질까? 긍정과 부정의 비율에 그 답이 있다. 긍정성이 실제 생활에서 가식적 효과를 발휘하려면 긍정과 부정의 비율이 3:1 이상이어야 한다.[3]

---

3) 바버라 프레드릭슨, 《긍정의 발견》, 21세기북스

잠자는 시간 빼고 깨어 있는 시간을 하루 17시간이라 하면, 적어도 13시간이 긍정적 상태여야 한다는 말이다. 이 비율을 넘기면 얼음이 물로, 물이 수증기로 변하는 것처럼 전혀 다른 상태가 된다. 매 순간 이 비율을 충족시킬 필요는 없지만, 며칠 몇 주일에 걸쳐 이 비율을 넘기면 된다.

필자의 긍정과 부정의 비율은 4:1이었다. 당신의 긍정과 부정의 비율은 얼마인가?

그 비율을 3:1 이상으로 만들려면 어떻게 하면 좋을까?

일반 사람의 평균 비율은 2.××:1이다. 이미 당신은 많은 부분에서 격려, 인정, 칭찬을 하고 있는 것이다.

따라서 0.×× 비율만 더 올려 3:1 이상을 만들면 얼음이 녹아 물이 되는 것처럼 당신 인생이 다른 차원으로 도약되는 것이다.

필자는 긍정성을 유지하기 위해 다음과 같은 행동 지침을 예외 없이 지켰다.

긍정성 유지 행동 지침

❶ 쉬는 시간이 끝나고 공부를 다시 시작할 때마다 5분간 모의 합격증을 보고 자기암시를 하면서 기분을 좋게 만든다.

❷ 어떤 이유로 기분이 좋아지지 않을 때는, 억지로라도 기분이 좋아질 수밖에 없는 행동의 융단 폭격(크게 웃기, 춤추기, 노래 부르기)을 가한다.

당신은 어떤 행동 원칙을 가질 것인가?

'기분 좋게 만들기' 미션이 당신에게 아직 버거운 목표라면 공부하기 전 5분 동안 '감사, 인정, 칭찬거리 10개 적기'로 변형해도 좋다. 하루 종일 공부하다 보면 10번 정도는 쉴 테니 합하면 100개는 적을 수 있다.

(부담스러운가? 공부 시작하면서 하루에 10시간씩 앉아 있기를 시작한 변화에 비하면 새 발의 피 아닌가? 생각하기 나름이다.)

● 공부 시작 전에 어떤 말과 생각, 행동을 하면 기분이 좋아질까?
  (단, 공부에 방해되는 인터넷, 게임, 영화 보기는 제외)

____

____

● 그를 바탕으로 명확하게 당신의 행동 원칙을 아래에 적어 보자.

1. ____

____

2. ____

____

행동 원칙까지 세우고 단호하게 결의한 당신은 이런 일쯤은 쉽다고 생각할지 모른다. 하지만 애석하게도 익숙한 것을 갈구하는 뇌의 관성 때문에 생각보다 쉽지 않다.

두 개의 길이 있다고 가정해 보자. 첫 번째 길은 가로수가 울창하고 청량한 숲내음을 내뿜고 있다. 게다가 청아한 새소리에 나뭇가지 사이로 비치는 밝은 햇살은 보기만 해도 마음을 따뜻하게 한다. 그 길 끝에는 안락하게 쉴 수 있는 1등급 호텔이 있다.

두 번째 길은 길가에 가시덩굴이 자라고 있고 바람이 불면 흙바람이 일어나면서 황량하다. 그리고 길 끝에는 평범한 모텔이 있다.

어떤 길로 가겠는가? 당연히 첫 번째 길을 선택할 것이다.

그런데 만약 첫 번째 길이 낙엽으로 가득 덮여 있어서 한 발 한 발 나아갈 때마다 낙엽을 치우면서 걸어가야 한다면? 아마 상황은 달라질 것이다.

여러분의 뇌도 이와 비슷하다. 긍정적인 생각이 좋다는 걸 알고 있다 하더라도 당신 뇌에 길이 없다면? 아무리 좋은 것이라도 익숙해지기 전까진 낯설기 때문에 배척하고 싶을 것이다.

긍정성을 유지하는 데도 훈련이 필요하다

사소한 것을 발견할 때마다 칭찬하는 것? 말로는 좋은 일이고 쉬울 것 같지만 그럴 때마다 당신은 삽으로 낙엽을 치우는 작업을 수행해야 하므로 생각만큼 잘 안 되는 거다.

생각보다 문제가 많이 틀렸을 때 '넌 떨어지고 말 거야'라고 비난하는 대신 격려하는 것? 간단할 것 같지만 뇌는 그냥 후딱 익숙한 비난의 길로 가고 싶어하기 때문에 쉽지 않다.

이상하게 들리겠지만 비난하는 습관이 몸에 배어 있다면 늘 비난받는 것에 더 익숙하고 편안할 것이다. 비난을 확 쏘아붙여 줘야 기존에 구축된 신경 회로가 유지되기 때문이다.

하지만 익숙한 것으로 돌아가려는 충동을 극복하고 새로운 행동을 지속하다 보면 새로운 뇌의 회로가 점점 두껍게 형성되고 낡은 길은 퇴화된다. 비로소 새로운 차원의 당신이 탄생하는 것이다.

첫술에 배부르지는 않겠지만 조금씩 꾸준히 하다 보면 당신의 긍정 비율도 어느 순간 3:1을 넘어설 것이다. 새로운 당신으로 변화하기를 기대한다.

A씨는 1년 동안 하고 싶은 모든 걸 뒤로 한 채 죽어라 공부만 했는데 1점 차로 떨어져 버렸다. 다시 시작하려니 억울함이 울컥울컥 올라온다. B씨는 시험 한 달을 앞두고 불안감에 압도되어 0.1점 차이로 떨어졌다. 그때의 악몽이 자꾸만 떠올라 불안해진다. C씨는 반복되는 시험 낙방으로 의욕도 잘 안 생기고 책상에 멍하니 앉아 있는 시간이 많아졌다.

이 모든 사례에 심리적 기법인 EFT(부정적 감정을 해소하는 심리 기법)를 활용했을 때 '다시 해 보고 싶다, 다시 할 수 있을 것 같다, 잘할 수 있을 것 같다'는 생각이 떠올랐다. 구름이 걷히면 자연스럽게 태양이 비추듯 좌절과 불안을 없애니 자신감과 의욕이 자연스럽게 드러난 것이다.

EFT의 기본은 두 손가락으로 몸의 경락을 두드리며 말을 해서 부정적 감정이나 생각을 해소하는 기법이다. 한의학에서는 모든 에너지 현상을 '기'라고 부르고, 그 기가 인체 모든 곳과 연결되어 흘러가는 길을 '경락'이라 한다. 부정적 감정이 생기면 경락에 에너지 혼란이 발생한다. 이렇게 뒤엉킨 경락을 손가락으로 두드려 에너지 혼란을 바로잡아 감정적 문제를 해결하는 것이다. 몸 곳곳의 막힌 경락을 풀어주면 기분까지 동시에 편안해지고 좋아지는 것과 같다.

부정적 감정, EFT로 치유하자

EFT 과정은 문제 확인 → 준비 단계 → 연속 두드리기 → 조정 과정으로 이루어져 있다.

❶ 문제 확인

심리적으로 해결하고 싶은 문제를 확인해서 주관적 고통지수를 체크한다. 고통지수를 체크하는 방법은 0점이면 아주 편안한 상태, 10점은 그 문제 때문에 감당할 수 없을 만큼 힘든 경우라고 생각하면 된다. 정답은 없으므로 자신이 느끼는 대로 다음과 같이 점수를 매기면 된다.

• 시험을 잘 못 칠까 봐 너무 불안하다. (고통지수: 7)

• 공부가 힘겹고 버겁다. (고통지수: 8)

• 제대로 못하는 내가 너무 싫고 후회가 된다. (고통지수: 6)

❷ 준비 단계

손날을 두드리면서 수용 확언을 세 번 말한다. 수용 확언은 다음과 같은 형식에 맞춰 만들면 된다.

나는 비록 _______하지만, 이런 나 자신을 마음속 깊이 이해하고 받아들입니다.

→ 나는 비록 시험을 망치면 어쩌나 하는 걱정에 불안하지만, 이런 나 자신을 마음속 깊이 이해하고 받아들입니다.

수용 확언이란 자신의 잠재의식에 어떠한 감정이 있음을 인정하고 이해함으로써 이성과 감정을 통합하는 과정이다. 쉽게 말해 자신이 느끼는 감정을 그대로 이해하고 받아들인다는 의미이다.

손날을 두드릴 때는 둘째 손가락과 셋째 손가락을 모아 반대쪽 손날을 두드린다. 왼쪽, 오른쪽 상관없이 자신이 편한 쪽으로 하면 된다. 두드리는 강도는 톡톡톡 가볍고 편안하게 치면 된다. 세게 한다고 효과가 더 좋은 것은 아니다. 반드시 수용 확언을 소리 내어 말하면서 두드려야 한다. 소리는 크게 낼수록 효과적이다.

❸ 연속 두드리기

연상되는 어구는 자신의 문제를 구체화시켜 생각과 느낌을 말하는 것이다.

연상 어구를 반복해서 큰 소리로 말하면서 다음의 타점들을 5~7회씩 둘째와 셋째 손가락을 나란히 모아 두드리면서 해당 연상 어구를 외쳐 주면 된다. 자신에게 제일 편한 손을 사용하면 되고 양손으로 해도 상관없다.

- 정수리: 시험을 잘 못 치면 어쩌나 불안하다

- 눈썹 옆: 불안하다

- 눈 밑: 혹시나 실수라도 하면 어쩌지? 너무 불안하다

- 코밑: 공부하지 않은 문제가 나오면 어쩌지? 불안하다

- 턱: 이번에 혹시라도 떨어지면 어쩌지?

- 쇄골: 너무너무 불안하다

- 겨드랑이 아래: 불안하다

- 명치 옆: 시험을 못 칠까 봐 불안하다

- 엄지·검지·중지·소지·손날: 또 실패할까 봐 불안하다

❹ 조정

여기까지 하고 나서 고통지수가 어떻게 변했는지 다시 확인해 본다.

- 변화 없음: 문제를 좀 더 구체화하는 수용 확언을 만들어 기본 과

정부터 다시 시도한다.

만약 '공부 하기 싫다' 는 것이 수용 확언이라면 문제가 너무 포괄적이라서 잘 안 될 수 있다. 공부가 왜 하기 싫은지 그 이유를 구체적으로 생각해 보자. 자꾸 외워도 잊어버려서 그럴 수도 있고, 성적이 안 올라서일 수도 있고, 내용이 어려워서일 수도 있다.

'나는 자꾸자꾸 외워도 잊어버려서 공부하기가 싫지만 이런 나 자신을 마음속 깊이 이해하고 받아들입니다.'

• 부분적 효과(고통지수가 조금만 감소): 고통지수가 8점이었는데 4점 정도로 감소했다면 수용 확언을 '나는 비록 여전히 ________ 지만' 으로 변경하여 기본 과정을 반복해 준다.

나는 비록 여전히 한국사책 읽는 것이 지겹지만, 이런 나 자신을 마음속 깊이 이해하고 받아들입니다.

• 고통지수 0: 문제가 해결된 것이다.

두드리는 횟수나 시간은 정해져 있는 것이 아니므로 앞의 설명처럼 당신의 마음이 가벼워질 때까지 반복하면 된다. 문제에 따라 다르겠지만 보통 EFT로 하나의 문제를 해결하는 데 20~30분 정도 걸린다. 두드리면서 소리 내어 말할 수 있는 것이면 모두 좋으니 시험 불안, 좌절감 등 힘든 고비가 올 때마다 EFT를 시도해 보자. 당신의 어려움이 한결 가벼워질 것이다.

자신의 상태 인정은 종착점이 아니라 출발점

자신의 문제를 인식하고 인정하는 것은 문제 해결의 출발점이다. 많은 사람들이 EFT를 처음 접할 때 '하기 싫다, 화난다, 짜증 난다'처럼 부정적 에너지만 언급하는 것에 대해, 안 그래도 하기 싫은데 자꾸 하기 싫다고 하면 더 하기 싫어지는 것 아니냐고 반문하는 사람이 있다. 특히 요즘 긍정 마인드가 대세이다 보니 그렇게 생각하는 것은 어쩌면 당연할 수도 있다.

하지만 EFT는 단순히 불평을 늘어놓는 게 아니라 부정적 에너지를 털어내고 치유하는 과정이다. 부정적인 생각과 감정이 가득차 있는데 억누른다고 해결되겠는가?

참는 대신 차라리 이렇게 EFT로 '공부하기 싫다, 하기 싫다'라고 반복해서 두드리면 억지로 꾸역꾸역 참아 왔던 싫은 감정의 응어리가 풀리면서 공부 의욕이 생긴다. 또 우울하다고 반복해서 두드리면 슬픔이 위로되면서 마음이 편안해진다.

의욕이 생기고 마음이 편해지면 집중력도 올라가 순수하게 공부에 몰입하는 시간이 늘어난다. 실제로 EFT를 배우고 집에서 열심히 실천한 결과 공부 시간이 하루 최고 14시간까지 올라가 기뻐한 수험생도 있다.

공부는 힘들어도 마음은 즐겁게

김윤희(간호직 공무원)

수험 기간 : 2014년 10월은 자격증 공부, 11월부터 공무원 공부 시작
합격 시험 : 2015년 6월 간호직 8급 최종 합격

많은 분들이 그러하듯이 저 또한 처음 공부를 시작했을 때 여러 분들의 합격 수기를 읽으면서 공부의 방향을 잡았었고, 많은 위안을 얻었습니다. 그리고 '합격하면 꼭 써야지' 하는 생각으로 공부할 때도 늘 '합격 수기'를 쓰는 제 모습을 상상하곤 했습니다.

저는 2014년 신규 간호사로서 9월 말까지 대학 병원에서 일하던 중 건강상의 문제가 오면서 앞으로의 저의 미래와 또 제가 나아갈 방향에 대해서 생각하다가 공무원 시험에 뛰어들기로 결정하게 되었습니다.

나에게 맞는 강사부터 찾자

처음 10월부터 공부를 시작하게 됐을 때는 3교대로 지친 몸과 한동안 공부를 하지 않았던 습관 때문에 쉽사리 공부가 되지 않았습니다. 결국 사무자동화 실기에 3점 차이로 불합격하는 바람에 가산점을 따지 못하게 되었습니다.

본격적으로 인강을 시작하면서 공부를 하게 된 건 10월 말쯤이었습

니다. 2015년 합격을 목표로 했기 때문에 저에게 남겨진 시간이 많이 없다고 생각하여 조급했었습니다. 그러나 공무원 공부도 선택과 집중이라고 생각했습니다. 유명한 강사들은 유명한 나름의 이유가 있습니다. 따라서 저는 최대한 인강으로 중요한 부분을 확실히 외우고 반복하며 나머지 부분들을 외우자는 큰 계획을 세웠습니다.

저는 '인강 듣기+기출문제 반복+시험 다가올 때쯤 모의고사'의 형식으로 전 과목을 공부했습니다. 처음에 인강을 듣고 나서도 중요한 부분이 뭔지 잘 몰랐기 때문에 기출문제를 풀면서 중요한 부분을 익히고 공부하는 것이 효율적이라고 생각합니다. 간호직이 8급이지만 공통과목은 9급과 문제가 같기 때문에 개인적으로는 유명 강사의 인강을 듣는 것을 추천합니다.

나만의 시간 관리 방법

저는 오전에 공부하는 게 너무 힘들어서 아침에 일어나자마자 그냥 무조건 도서관으로 출근했습니다(아침에 늦장부리면 더 가기 싫기 때문에 눈 뜨자마자 바로 챙겨서 나와야 합니다). 오전 8~9시쯤 도서관에 도착해서 공부한 후 11시 반쯤 밖에 나가 밥을 사먹고 저녁에는 도시락을 먹었습니다. 나중에는 밥 먹는 시간도 아까워서 밥도 후다닥 먹고 도서관 식당이 문 닫을 때는 계단에 앉아서 밥을 먹었던 기억도 납니다.

11~12월에는 스톱워치로 재가며 10시간씩 공부했고, 1월부터는 11시간 이상씩 했습니다. 평일에는 11시간 이상씩 꼭 공부하고, 토요

일 일요일은 합쳐서 11시간을 공부했습니다. 주말에는 주로 전공을 제외한 공통과목 위주로 공부하고 시험이 다가올 때는 모의고사를 시간 재서 풀었습니다.

아침에 도착하면 한국사 공부를 2시간쯤 하고 전공 공부를 조금 하다가 식사하고 낮잠은 꼭 10분씩 잤습니다. 그 후 전공 공부를 조금 더 하고 영어, 국어(국어를 제일 좋아해서 지치는 저녁 시간에 했습니다)를 공부한 후 다시 한국사를 조금 외우고 집에 갔습니다. 시간 배분은 영어>한국사 > 국어> 전공 순이었습니다.

또 아무리 잠이 와도 제가 정한 낮잠 시간 외에는 절대 잠을 자지 않았습니다. 잠이 올 때에는 몸을 흔들고, 다리를 꼬집고, 서서 공부하는 등 나름 치열하게 공부했습니다. 저는 즉흥적인 편이라 큰 계획만 짜고 세부적인 계획은 짜지 않았습니다. 공부하다 지칠 때는 합격 수기 등을 읽으면서 머리도 식히고 큰 공부 계획을 짰습니다.

공부는 힘들게, 문제는 즐겁고 쉽게

제가 좋아하는 히가시노 게이고의 소설 중에 이런 내용이 있습니다.

'우리같이 평범한 사람은 승부를 겨룰 때, 뭔가 의지할 곳이 필요하지. 그런데 사실 시합 중에 누구를 의지할 수 있겠니? 그래서 선수들은 시합 때가 되면 고독해져. 그럼 우리는 어떻게 해야 할까? 난 각자 자신의 노력을 믿는 수밖에 없다고 생각해. 하고 싶은 것도, 놀고 싶은 것도 꾹 참아가며 그렇게 열심히 연습했으니까 분명 좋은 결과가 나올 거라고 믿는 거지.'

저는 이 부분에서 크게 공감했습니다. 공부는 혼자 하는 외로운 싸움입니다. 실력이 오르지 않는 것 같고 너무나 불안하고 힘들지만 결국 가장 힘이 되는 것은 본인의 노력입니다. 저 또한 시험을 칠 때마다 가장 위로가 되었던 것은 정말 악을 쓰면서 공부했던 저의 모습이었습니다. '이렇게 공부했는데 나는 무조건 잘할 거야'라는 생각이 저를 지탱해준 가장 큰 힘이었습니다.

모름지기 공부는 힘들게 해도 문제는 즐겁고 쉽게 풀어야한다고 생각합니다. 늘 집으로 돌아오는 순간마다 '아, 오늘 정말 열심히 했어'라고 생각하는 하루하루가 쌓인다면 여러분도 분명히 합격하실 거라 생각합니다. 합격 수기 쓰는 날을 생각하시며 하루하루 치열하게 공부하시길 바랍니다! 힘내세요!

O! Brain
Best way to memorize

Part **2**

공무원 1년 안에 합격하는 최고의 학습 전략 ❶
인출식 퀴즈법

공무원 합격에 결정적 영향 끼치는 학습 전략 – 인출식 퀴즈법

합격을 부르는 수험 공부는 방대한 공부 내용을 중요한 것과 안 중요한 것, 아는 것과 모르는 것으로 구분한 후, 모르는 것을 알 때까지 반복하는 것이 핵심이다. 우선순위를 정해 중요한 것부터 공부하고, 아는 것은 패스하고 모르는 것만 효율적으로 반복한다면 수험 기간은 당연히 짧아질 수밖에 없다.

이번 장에서는 공부에 결정적인 영향을 미치는 내용으로, 조금만 신경 쓰면 배울 수 있는 학습 전략을 공개한다. 그것은 모르고 아는 것을 확실히 구분하여 스스로가 출제위원이 되어 능동적으로 인출식 퀴즈를 만드는 필자만의 필승 노하우다. 뒤에 소개되는 '똑똑반복법' 및

‘연상 기억법’과 함께 최고의 핵심 전략 3가지 중 하나로 ‘인출식 퀴즈법’이라 한다.

인출식 퀴즈법에 들어가기 전 다음 표를 참조해, 본인의 상황을 꼼꼼히 짚어 가며 자신의 성향부터 파악하자. 모든 발전은 정확한 현실 파악에서 시작된다.

현 상황 진단표

단기 합격생	장수생
객관식 시험 맞춤 공부	학자처럼 공부
중요도별 우선순위를 바탕으로 중요한 순서대로 단계적 공부	중요도별 우선순위가 명확하지 않아서 학습량에 대해 스트레스 받음
알고 모르는 것을 구분함 → 모르는 것만 집중적으로 파고듦	알고 모르는 것이 모호함 → 전부 다 공부하다 결국 모르는 건 끝까지 애매하게 남음
시험장에서 떠올릴 수 없다면 모르는 내용이라 간주 → 완벽하게 마스터할 때까지 집중 공략	시험장에서 매번 헷갈리면서도 아는 내용이라 간주 → 대충 한번 보고 넘어감
최소의 노력으로 최고의 효율이 나오는 과목과 복습 주기 배치	최대의 노력으로 최소의 효율이 나오는 과목과 복습 주기 배치
바보도 천재가 되는 효과적 암기법 적용	천재도 바보가 되는 무작정 외우기
지능은 노력하면 바뀐다고 생각	지능은 고정되어 있다고 생각
좋은 공부 방법이 있으면 바로바로 적용	공부법이 잘못된 걸 알아도 안 고침

당신은 어느 쪽에 가까운가? 자신에게 맞는 스마트한 공부법을 터득해 보자.

무식한 회독은 가라, 알고 있다는 생각은 착각

"너 몇 회독째야?"

"응, 10회독은 한 것 같아."

"점수는 잘 나와?"

"아니…… 반복해서 보긴 하는데 공부가 되는 건지 안 되는 건지 잘 모르겠어."

많은 수험생들이 10회독 이상은 해야 합격한다는 일념하에 독하게 회독 수를 늘려 가고 있다. 어쩔 때는 모르는 내용이 있어도 진도 나가야 한다는 강박 때문에 제대로 이해도 하지 않고 휙휙 넘어간다. 이쯤 되면 알기 위해 회독 수를 늘리는지 회독 수를 늘리기 위해 책장을 넘기는 건지 주객전도 수준이다.

여기서 잠깐만 멈춰 보자. 회독 수만 늘리면 성적이 오를까? 그렇다면 회독 수가 제일 많은 장수생이 합격 못하는 결정적 이유는 무엇일까? 효율적 공부 방법을 모르고 무작정 공부하기 때문이다.

합격에는 머리에서 끄집어내는 인출식 암기가 필수

단기 합격생은 기본서 내용을 어느 정도 이해하고 나면, 그 다음부터는 알고 모르는 내용을 구분해 암기한다. 문제를 풀어 보기 전에 관련 내용을 머리에서 끄집어내 보고, 자신이 알고 있는 부분과 답을 비교해서 모르는 것만 반복해서 외운다. 이렇게 하면 시험장에서 답이 정확히 보인다.

수험 공부는 결국 합격을 위한 공부다. 그렇다면 지식을 암기해야 하고, 암기를 했으면 머리에 남아야 한다.

그런데 많은 장수생들은 자신이 읽은 부분이 머리로 이해만 되면 아는 것으로 착각한다. 최종 정리한다면서 학원 총정리 수업을 무턱대고 듣고 있거나 한글맞춤법 공부한다면서 열심히 줄줄줄 책 보면서 받아 적는 수험생도 많다. 머릿속에서 직접 끄집어내 확인하지 않고 수동적으로 읽고 들으니 시험 문제를 풀었다 하면 죄다 헷갈려 틀리는 것이다.

방금 읽은 내용이라도 바로 책을 덮고 떠올려 봤을 때 얼마나 기억나는가? 분명 방금 본 건데도 적으려면 깜깜하다. 내용을 다시 보지 않고 정확히 떠올릴 수 없다면 그건 아는 게 아니다.

아래 그림을 일단 손으로 가린 후 다음 퀴즈를 맞혀 보자.

공공장소에서 자주 보는 동그라미 금연 표지판의 빨간색 금지 막대는 왼쪽과 오른쪽 중 어디로 기울어 있나? 동네 횡단보도 신호등 속 사람은 왼쪽, 오른쪽 중 어느 방향으로 보행하고 있나? 500원짜리 동전의 학은 왼쪽과 오른쪽 중 어느 방향으로 날고 있나?

아마 많이 헷갈렸을 것이다. 우리 뇌는 매일 보는 것이라도 주의를 기울여서 외우지 않으면 정확히 기억하지 못한다. 눈뜬장님이 되는 것이다. 답은 아래와 같다.

당신은 지금 뇌에 확실히 기억되는 공부를 하고 있는가? 아니면 눈으로 100번을 봐도 외우지 못하는 비효율적 공부를 하고 있는가? 잘 생각해 볼 일이다.

공무원 시험은 어떤 시험?

공무원 시험 문제는 국어, 영어 독해 일부만 제외하면 모두 암기해야 할 사항투성이다. 따라서 기출문제의 질문을 살펴보면 대부분 이런 유형이다. '옳은 것은?' '옳지 않은 것은?' '적합하지 않은 것은?' '정확하지 않은 것은?' 결국 '맞다 / 아니다' '했다 / 안 했다' 를 구분하는 것이다.

'다음이 어떻게 현실에 적용될까?' '~에 의하면 다음 사례에는 어떻게 적용해야 할까?' '다음은 어떠한 학설의 입장이고 그 입장에 따르면 다음과 같은 상황은 어떻게 해결해야 하나?' 등 전문 지식을 바탕으로 고차원적 사고가 필요한 응용이나 심화 문제는 거의 없다.

공무원 시험에 나온다는 응용 문제를 가만히 뜯어보면 2~3가지 내용을 합쳐 헷갈리게 해놓은 게 전부다. 개별적 지식을 정확히 암기하고 있으면 대부분의 문제를 바로 풀 수 있다. 헷갈리게 외워서 틀려 놓고, 공무원 문제가 점점 응용 문제로 바뀌어 어려워진다고 이야기하는 건 맞지 않다. 아래 문제를 살펴보자.

> 19. 밑줄 친 '우리'에 해당하는 계층의 활동으로 옳은 것은?
>
> > 아! <u>우리</u>는 본시 모두 사대부였는데 혹은 의(醫)에 들어가고 혹은 역(譯)에 들어가 7, 8대 또는 10여 대를 대대로 전하니 … (중략) … 문장과 덕(德)은 비록 사대부에 비길 수 없으나, 명공(名公) 거실(巨室) 외에 <u>우리</u>보다 나은 자는 없다.
>
> ① 집단으로 상소하여 청요직(清要職) 허통(許通)을 요구하였다.
> ② 형평사를 창립하고, 평등한 대우를 요구하는 형평 운동을 펼쳤다.
> ③ 관권과 결탁하고 향회를 장악하여, 향촌 사회에서 영향력을 키우려 하였다.
> ④ 유향소를 복립하여 향리를 감찰하고 향촌 사회의 풍속을 바로잡으려 하였다.

위와 같이 〈한국사〉 과목 사료 문제는 응용 문제로 분류된다. 하지만 그 내용을 살펴보면 응용이라는 말은 적당하지 않다.

공무원 시험에 고차원적 응용이란 없다

이 문제의 사료에 '의에 들어가고 혹은 역에 들어가'라는 말이 나온다. '의와 역' 하면 의술과 통역으로 조선시대 중인이다. 즉, '조선시대 중인 계층의 활동으로 옳은 것은?' 이란 문제와 같다. '의와 역'이라고 나와 있는데 조선시대 중인을 떠올리지 못했다면 공부를 헛한 것이다.

이 문제를 틀렸다면 암기를 제대로 안 해서 틀린 걸까? 처음 보는 사료라 틀린 걸까? 이외에도 사료 문제는 예문처럼 지문 내에서 핵심 키워드를 찾아낼 수 있게 출제된다. 그래서 헷갈리지 않게 정확히 지식을 뇌에 딱딱 박아 놓으면 대부분의 문제를 쉽게 풀 수 있다.

다시 한 번 강조하지만 공무원 시험에 고차원적 응용이란 없다. 다만 암기가 있을 뿐이다. 이런 시험에서 모든 것을 이해 위주로 공부하고 있다면 당신은 하루 종일 책상에 앉아 있더라도 실제로는 공부하고 있는 게 아니다.

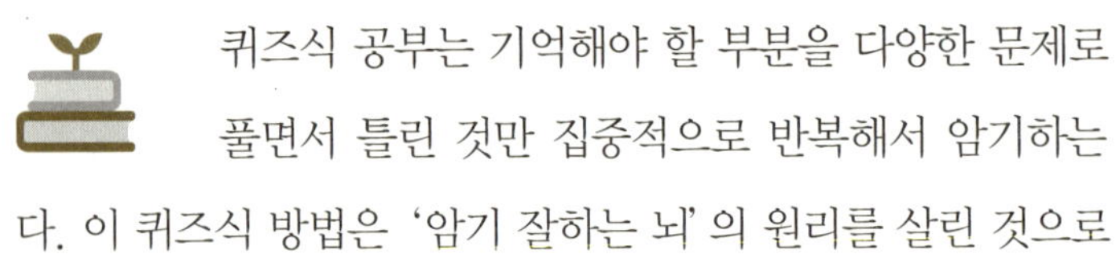

퀴즈식 공부는 기억해야 할 부분을 다양한 문제로 만들어 풀면서 틀린 것만 집중적으로 반복해서 암기하는 방법이다. 이 퀴즈식 방법은 '암기 잘하는 뇌'의 원리를 살린 것으로 공무원 공부에 가장 적합한 방식이다.

이것은 '좋은 머리'가 필요하지 않다. 단지 퀴즈가 무엇인지 이해할 수 있으면 된다.

이것은 '재능'도 필요하지 않다. 어릴 적 친구와 퀴즈 내기를 했던 재능만 있으면 된다.

이것은 '의지' 또한 필요하지 않다. 공부가 재미있어지기 때문에 오히려 의지가 덜 들어간다. 의지가 가장 강한 사람은 의지력을 발휘할 필요가 없는 사람이다.

그럼 필요한 것은 무엇일까? 조바심을 내려놓고 새로운 것을 시도

할 용기만 있으면 된다. '퀴즈식' 공부가 익숙해질 때까지 자신에게 기회를 주는 것만으로 충분하다. 그 이상도 그 이하도 아니다. 성적이 오를지 아닐지는 신경 쓸 필요도 없다. 이대로만 공부하면 성적은 자동적으로 오르기 때문이다.

'공부는 당연히 힘들고 지겨운 것이지…… 어떻게 공부 방법 하나 때문에 바뀐다는 거야? 지금 하루하루 버티기도 힘든데, 공부 방법을 바꾸라고? 그건 불가능해.'

이런 생각으로 무엇을 얻을 수 있겠는가? 현재 성적 유지? 지겨움?

지금껏 많은 실망과 좌절 때문에 의심과 회의가 들 수도 있겠지만 한번 더 시험해 보자. 이 방법이 효과가 없다 하더라도 당신이 잃을 것은 얼마간의 시간일 뿐이다. 밑져야 본전이니 쿨하게 한번 시도해 보자. 만약 효과가 나타난다면 얼마나 행운인가?

퀴즈를 통해 순식간에 천재가 된 그들

세인트루이스 워싱턴대학교 심리학 교수인 헨리 로디거 교수의 실험을 보면 퀴즈가 암기력에 어떤 영향을 미치는지 그 중요성을 알 수 있다.[4]

실험은 학생들을 두 그룹으로 나눈 뒤, 〈자연사〉를 공부하도록 했다. A그룹은 네 차례에 걸쳐 공부만 했고, B그룹은 한 번만 공부하는

---

4) 대니얼 코일, 《탤런트 코드》, 웅진지식하우스

대신 시험을 세 번 봤다. 1주일 후 두 그룹 모두 테스트를 치렀는데, B그룹의 점수가 A그룹보다 50퍼센트 더 높았다. B그룹은 A그룹의 4분의 1밖에 공부하지 않았지만 훨씬 더 많은 지식을 습득한 것이다. 한 학생은 이러한 실험 결과를 본인의 학업에 적용해 평소 하던 공부량의 절반밖에 투자하지 않았는데도 학점이 100퍼센트 향상되었다고 한다.

퀴즈식 공부는 이렇듯 매순간 시험을 치르는 형식의 공부 방법과 맥락을 같이한다. 퀴즈를 풀 때면 자연스럽게 머릿속에서 지식을 끄집어내고, '이건 맞혔다' '이건 틀렸다' 하고 뇌에 신호가 간다. 무턱대고 외우는 공부보다 능동적으로 머릿속에서 지식을 인출하는 공부가 훨씬 더 효과적이고, 뇌에 자신이 알고 있는 것과 모르는 것을 구분해 알려주는 것만으로도 특별한 효과가 나타나는 것이다. 당신은 공부할 때 지식을 머리에서 바로바로 인출하고 있는가?

어떻게 공부해야 시험장에서 끝까지 기억날까?

이것이 퀴즈를 만드는 질문의 시작이자 끝이다. 단순히 공부를 열심히 하는 것보다 중요한 것은 시험 문제를 맞힐 수 있는 공부를 하는 것이다. 기본서 전체를 무조건 열심히 볼 게 아니라 공부해야 할 것과 안 할 것을 먼저 구분하고, 공부해야 한다면 이해할 것과 암기할 것을 구분하고, 외울 것은 깊이를 달리해 외우는 것이 필요하다.

좀 더 구체적으로 퀴즈 만드는 데 필요한 질문을 알아보자.

❶ 시험장에서 내가 무엇을 기억해야 할까?

기출문제에 나온 것이 당신이 알아야 할 부분이다. 최근 2~3년 사이에 출제된 기출문제를 풀어 보면서 파악한다.

❷ 공부할 부분인가? 버려도 될 부분인가?

기본서 내용 중에는 시험에 나오지 않기 때문에 볼 필요가 없는 부분이 있다. 특히 〈헌법〉에 그런 부분이 많은데 다음을 살펴보자.

사회적 신분이란 사회에서 장기간 점하는 지위로서 일정한 사회적 평가를 수반하는 것을 의미한다 할 것이므로, 전과자도 사회적 신분에 해당된다고 할 것이며 누범을 가중처벌하는 것이 전과자라는 사회적 신분을 이유로 차별대우를 하는 것이 되어 헌법상의 평등의 원칙에 위배되는 것이 아닌가라는 의문이 생길 수 있다. 그러나 누범을 가중처벌하는 것은 전범에 대한 형벌의 경고적 기능을 무시하고 다시 범죄를 저질렀다는 점에서 비난 가능성이 많고, 누범이 증가하고 있다는 현실에서 사회 방위, 범죄의 특별 예방 및 일반 예방이라는 형벌 목적에 비추어 보아, 형법 제35조가 누범에 대하여 형을 가중한다고 해서 그것이 인간의 존엄성 존중이라는 헌법의 이념에 반하는 것도 아니며, 누범을 가중하여 처벌하는 것은 사회 방위, 범죄의 특별 예방 및 일반 예방, 더 나아가 사회의 질서 유지 목적을 달성하기 위한 하나의 수단이기도 하는 것이므로 이는 합리적 근거 있는 차별이어서 헌법상의 평등의 원칙에 위배되지 아니한다.

〈헌법〉 판례 제목과 그 아래에 판례 설명이 있다. 기출문제를 보면 판례의 세부적 내용을 묻는 문제는 전혀 없고, 위헌과 합헌 여부만 묻고 있다. 그럼 퀴즈를 어떻게 만들면 될까?

'___헌?'으로 만들면 된다. 판례의 제목을 보고 '___헌?'에 비워진 칸을 보면서 풀고 넘어가면 된다.

이때 시험에서 묻지 않는 판례 설명은 전혀 읽을 필요가 없다. 말이 어려워 읽으면 피곤하기만 하다. 시험에 나오지 않는 건 과감하게 '파바박' 버리는 게 공부 잘하는 요령이다.

❸ 이해해야 할 부분인가, 암기할 부분인가?

이해만 하고 넘어갈 부분을 외우는 것은 시간 낭비이지만 반대로 외울 부분을 이해만 하고 넘어가면 시험장에서 낭패를 보기 십상이다. 이해하고 넘어가면 될 부분은 퀴즈로 만들 필요가 없고, 암기할 부분만 만들면 된다. 애석하게도 공무원 공부에서 〈국어〉와 〈영어〉 독해 등 아주 일부분을 제외하면, 나머지 부분은 얄팍한 이해를 바탕으로 암기할 것들이다.

〈국어〉에서 ''ㄴ, ㄹ, ㅁ, ㅇ' 받침 뒤에서는 된소리가 난다'는 규칙이 있다. 예컨대 '담뿍' '몽땅' 같은 것 말이다. 이 규칙은 이해해야 하는 것일까, 외워야 하는 것일까? 외워야 문제를 풀 수 있기 때문에 당연히 암기 사항이다. 암기가 버거워 이 사실을 부정하고 싶겠지만 당신이 공무원 시험을 선택한 이상 받아들이는 게 정신 건강에 좋다. 외우기 까다롭겠지만 암기법을 만들어 외우면 되므로 지레 겁먹지는 말자.

자음 'ㄴ, ㄹ, ㅁ, ㅇ'으로 '나라마음'이라는 단어를 만들고 된소리
가 나기 때문에 '된'을 붙여서 '나라마음 된'으로 외우면 된다.

이 책에서는 더 구체적이고 확실한 암기법을 제공하고 있다. 이 방
법은 4장 연상 암기법에서 더 자세하게 살펴보기로 한다.

❹ 내가 출제자라면 어느 부분을 헷갈리게 낼까?

암기할 내용이라고 판단되면 출제자의 입장이 되어 어떻게 문제를
낼지 고민해서 퀴즈를 만든다.

> 2015년 국가직 9급 〈행정학〉 문제 3번 – 보기④
> ④ 정부는 회계연도마다 예산안을 편성하여 회계연도 90일 전까지 국회
> 에 제출하도록 헌법에 규정되어 있다.

당신이 출제자라면 이 내용 중 어느 부분을 헷갈리게 하겠는가?
90일, 국회, 헌법 구분 아닐까?

정부는 회계연도마다 예산안을 편성하여 회계연도 (60/90일) 전까
지 (기획재정부/국회)에 제출하도록 (헌법/법)에 규정되어 있다.

옴부즈만은 법원이나 처분행정청과는 달리 행정 작용을 취소·변경하지
는 못하며, 관계 기관에 대하여 취소·변경을 권고할 수 있을 뿐이다.

위 내용은 어떻게 헷갈리게 만들까? 취소, 변경, 권고의 구분이 가장 틀리기 쉬운 부분이므로, 이렇게 만들어 보자.

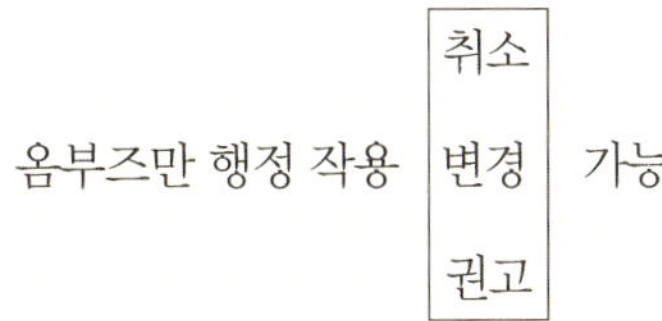

또 다른 문제를 보자.

2015년 국가직 9급 〈행정학〉 문제 13번
직위분류제에 있어서 직무의 난이도와 책임의 경중에 따라 직위의 상대적 수준과 등급을 구분하는 것은?
① 직무평가   ② 직무분석   ③ 정급   ④ 직급명세

이 문제의 답은 직무평가다. 시험에서 묻는 것을 정확히 기억하려면 어떻게 퀴즈를 내야 할까?

직무의 난이도와 책임의 경중에 따라 직위의 상대적 수준과 등급을 구분하는 것 : 직무__

이렇게 퀴즈를 만들어 놓고 헷갈리는 부분을 구분해가며 공부해야 '직무평가'가 정확히 머리에 입력되기 때문에 시험장에서 절대 헷갈

리지 않는다.

이 문제와 관련된 기본서 해당 부분의 설명은 아래와 같다. 기출문제에 나온 중요한 부분이고 앞으로도 나올 가능성이 높은 내용이다. 당신이 출제자라면 어떤 부분을 헷갈리게 만들까?

통치 행위는 법령으로부터 자유로운 행위일 따름이지, 결코 '헌법'으로부터 자유로운 행위가 아니다.

헌법인지, 법령인지 혹은 자유로운지, 안 자유로운지가 포인트일 것이다. 그렇다면 그 부분을 아래와 같이 퀴즈로 만들자.

통치 행위	법령	으로부터	자유로운	행위
	헌법	에	제한되는	

❺ 어느 정도 외워야 시험장에서 척척 풀 수 있을까?

내용이 시험에 나오는 유형을 파악해서 내용 전체를 통째로 외울 것과 특정 단어만 단답식으로 외울 것, 구분만 할 수 있을 정도로 공부할 것 등 암기 수준을 분류해 외운다. 이 구분을 잘해야 헛고생하지 않고 단시간에 합격할 수 있다. 〈한국사〉를 예로 들어보자.

2011년 국가직 9급 〈한국사〉ㅣㅣㅣ

19. 일제의 식민지 정책을 시기 순으로 바르게 나열한 것은?

ㄱ. 농촌 경제의 안정화를 명분으로 농촌진흥운동을 전개하였다.

ㄴ. 학도 지원병 제도를 강행하여 학생들을 전쟁터로 내몰았다.

ㄷ. 회사령을 철폐하여 일본 자본이 조선에 자유롭게 유입될 수 있게 하였다.

ㄹ. 토지의 소유권과 가격에 대한 대대적인 조사를 진행하였다.

① ㄷ→ㄹ→ㄱ→ㄴ　② ㄷ→ㄹ→ㄴ→ㄱ　③ ㄹ→ㄷ→ㄱ→ㄴ　④ ㄹ→ㄷ→ㄴ→ㄱ

정답 ③

이런 문제를 풀기 위해서는 일제의 식민지 정책을 시기별로 구분해 그 세부 내용을 알아야 한다. 시기별 흐름은 통째로 외워야 하지만 세부 내용은 시기별 구분만 할 수 있으면 된다.

시기별 흐름: 일제 식민지 정책 시기별 변화

통치1기(1910~1919년)	통치2기(1919~1931년)	통치3기(1931~1945년)
무단 통치(헌병 경찰 통치) 토지 조사 사업	문화 통치(보통 경찰 통치) 산미 증식 운동	민족 말살 통치(황국 신민화) 병참 기지화 정책

아래는 시기에 따른 세부 내용 정리표다.

구분	통치1기(1910~1919년)	통치2기(1919~1931년)	통치3기(1931~1945년)
정치	무관, 중추원	문관(실제 x)	일선동조론
경제	회사령(허가제) 전매 제도	중공업 정책 시작	국가 총동원령(1938년) 산미증식운동 재개(1939년)
국내	대한광복회(1915년) 조선국민회(1915년)	조선어연구회 신간회, 근우회	조선어학회 진단학회
국외	대한광복군 정부	의열단, 애국단	한국광복군(1940년)

실제 내용은 훨씬 더 많지만 편의상 몇 가지만 적었다. 위 표의 세부 내용까지 통째로 외우려면 버거울뿐더러 그렇게 할 필요도 없다. 세부적인 내용이 1, 2, 3기 중 어느 시대에 속하는지만 정확히 구분할 수 있으면 된다.

구분	통치1기(1910~1919년)	통치2기(1919~1931년)	통치3기(1931~1945년)
정치			
경제			
국내			
국외			

교재의 빈 공간에 세부 내용을 모두 섞어 적어 나열하고, 기본서 내용을 가린 다음 뒤죽박죽된 단어를 표에 끼워 넣으면서 내용을 외운다. 이렇게 큰 흐름을 키워드로 먼저 잡아 주고, 세부적인 내용은 표에 끼워 넣거나 단답형으로 퀴즈를 만든다.

흐름과 구조를 통째로 외울 필요가 있는 내용은 통째형 퀴즈로 만든다. 주로 선생님들이 수업 시간에 흐름도나 표를 직접 그리면서 줄줄줄 외우듯 설명하는 것들이다.

〈행정학〉이나 〈한국사〉처럼 구조와 흐름을 알아야 할 과목들에 통째형이 많이 필요하고, 단편 지식인 〈국어〉의 한글맞춤법, 한자 등을 공부할 때는 거의 필요 없다.

❻ 문제에 따른 적합한 퀴즈는 무엇일까?

2015년 국가직 9급 〈한국사〉▎▎▎

4. 다음은 동학농민운동과 관련한 연표이다. (가)~(라) 시기에 있었던 사실로 옳은 것은?

최제우의 동학 창시	삼례집회 (교조신원운동)	고부관아 습격	전주성 점령	우금치 전투
(가)	(나)	(다)	(라)	

① (가) – 황토현 전투

② (나) – 청 · 일 전쟁의 발발

③ (다) – 남 · 북접군의 논산 집결

④ (라) – 일본군의 경복궁 점령

정답 ④. 1 황토현 전투 – (다),　2 청 · 일전쟁 – (나),　3 남 · 북접군 – (라)

문제를 맞출 수 있도록 암기 수준을 구분해서 통째형, 도표식 끼워넣기형, 표 가리기형, 빈칸 채우기형, ○×퀴즈형, 헷갈리게 마구 섞기형 등으로 퀴즈를 만든다.

통째형

앞의 문제를 풀기 위해서는 전체적인 흐름을 통으로 외우고 있어야 한다. 퀴즈를 '동학농민운동 전개과정'으로 만든 후 흐름 전체를 쓸 수 있을 때까지 반복해 외운다.

동학농민운동 전개과정

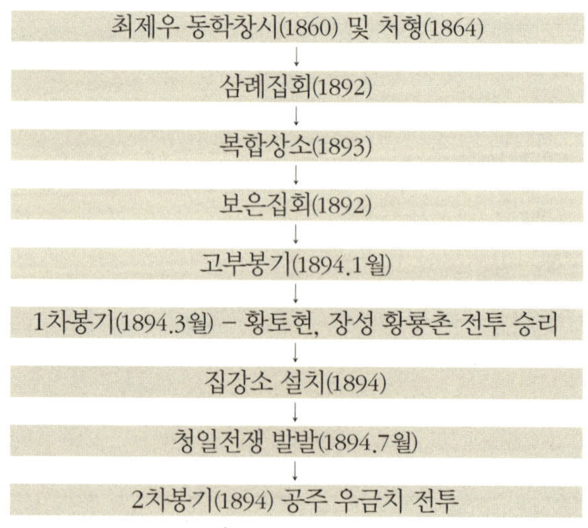

〈행정학〉에서의 중요한 표도 아래와 같이 통째로 외운다.

유형	결정자 역할	집행자 역할	진행 실패 요인	정책 평가 기준
고전적 기술자형	구체적 목표 설정	기술자 권한 소유	수단상 기술적 결함	**효과**, 능률
지시적 위임가형		행정적 권한 소유	**협**상의 실패	**능률**, 효과
협상자형	목표, 수단에 대해 집행자와 **협**상		적응적 흡수, **부집행**	주민 **만족도**
재량적 실험가형	추상적 목표 지지	목표 수단 **구체화**	책임 회피, **기만 사기**	수익자 **대응성**
관료적 기업가형	집행자 목표 지지	**추상적 목표** 설정	정책의 **사전** 오염	체제 유지도

도표식 끼워 넣기형

특히 수험생들이 공부에 턱턱 부담을 느끼는 것이 〈한국사〉의 문화재(그림, 건축 등), 역사서 등 자잘하게 외우는 부분이다. 다행히 이런 것은 아는 것과 모르는 것을 구분만 정확히 할 수 있으면 의외로 간단하다. 도표식 퀴즈를 만들어 구분할 수 있을 정도로만 암기하면 된다.

다음과 같이 표의 내용을 모두 뒤죽박죽 섞어서 교재의 빈 공간에 적는다.

구분	고구려	백제	신라	통일신라	발해
건축	안학궁	미륵사	황룡사, 첨성대	불국사, 석굴암, 안압지	주작대로, 온돌
탑	목탑 위주	미륵사지 석탑, 정림사지 5층 석탑	황룡사 9층 목탑, 분황사 모전 석탑	석가탑, 다보탑	석등
불상	연가 7년명 금동여래 입상	서산 마애 삼존불	경주배리 석불 입상	석굴암 본존불	이불병좌상
문예	황조가, 오언시	정읍사	혜성가	향가 14수	다듬이 소리

아래 부분을 가리고 옆의 퀴즈용 단어를 보고 끼워 넣기를 한다.

구분	고구려	백제	신라	통일신라	발해
건축					
탑					
불상					
문예					

내용은 가리고 퀴즈로 만든 단어를 끼워 넣기 하면서 맞힌다

끼워 넣기를 마친 후 원래 표와 비교해 틀린 부분을 체크해서 반복 암기한다.

그런데 여기서 퀴즈 만들기가 귀찮다고 무작정 외우면 어떻게 될까? 다음과 같이 구분란만을 가린 채, 해당 내용은 그대로 보면서 어느 나라인지 생각해 보는 방식으로 공부하게 된다. 다음 표를 보자.

안학궁	미륵사	황룡사, 첨성대	불국사, 석굴암, 안압지	주작대로, 온돌
목탑 위주	미륵사지 석탑, 정림사지 5층 석탑	황룡사 9층 목탑, 분황사 모전 석탑	석가탑, 다보탑	석등
연가 7년명 금동여래 입상	서산 마애 삼존불	경주배리 석불 입상	석굴암 본존불	이불병좌상
황조가, 오언시	정읍사	혜성가	향가 14수	다듬이 소리

퀴즈를 만드는 이유는 그냥 표를 읽으면서 무작정 공부하게 되면 아는 건지 모르는 건지 구분도 안 되고 잘 외워지지도 않기 때문에 만드는 것인데, 이런 식으로 대분류만 가리고 나머지는 그대로 노출시켜 만들면 앞뒤 내용이 모두 힌트가 되어 그냥 줄줄 읽는 것과 별반 차이가 없다.

퀴즈 문제를 만들 때는 이 퀴즈가 지식을 명확히 구분해 머릿속에 넣도록 만들어졌는지를 잘 생각해 봐야 한다.

2014년 국가직 7급 〈한국사〉 ▌ ▌ ▌

3. (가), (나)에 대한 설명으로 옳은 것은?

> (가) 그 나라 혼인 풍속은 여자 나이 10살이 되기 전에 혼인 약속을 한다. 신랑 집에서는 여자를 맞이하여 다 클 때까지 길러 아내로 삼는다.
>
> (나) 큰 세력을 가진 이는 스스로 신지라 하고, 그 다음은 읍차라 한다.

① (가) - 해마다 10월에 무천이라는 제천 행사를 열었다.

② (나) - 철제 농기구를 사용하였고 벼농사를 지었다.

③ (다) - 대가들이 각기 사자 · 조의 · 선인을 거느렸다.

④ (라) - 도둑질한 자는 물건 값의 12배를 변상하게 하였다.

정답 ②. (가) 옥저, (나) 삼한, ① 동예, ③ 고구려, ④ 부여와 고구려

이 문제는 초기 국가들의 특징을 구분하는 문제이다. 이 경우 각 국가별 특징을 정확하게 정리할 수 있으면 된다.

다음처럼 초기 국가 특징 정리표 옆에 구분해야 할 사항의 내용을 뒤섞어 적은 후 퀴즈로 만든다.

부여	王 → 부족장(마가, 우가, 저가, 구가) 　　→ 가신(대사, 사자, 대사자) 5부족 연맹, **4출도 지배,** 연맹국가	4대금법 **형사취수** 흰옷 숭상 순장, 1책 12법	금와전설 뇌옥(감옥) 중국과 친선 (↔ 고구려)	오곡, 5부족 연맹 / 마가, 두레, 반어피, 동맹 / 가족묘, 5부 / 상투, 4출도 지배 / 연맹국가 / 두벌 묻기, 과하마 / 우가, 신지, 대로 / 사자, 1책 12법 / 문신, 읍차, 저가, 형사취수제 / 맥포, 패자, 부례 / 예부제, 단궁, 구가, 천군, 제천행사 (5,10) / 4대금법 / 해산물 풍부 / 벼농사, 예서제 (서옥제) / 조의, 세골장 / 민며느리제, 형사취수, 방직 기술, 제정 분리 / 쌀항아리, 선인 / 데릴사위제 / 흰옷 숭상 / 순장, 책화 / 1책 12법 / 금와전설 / 무천(10월) / 뇌옥(감옥) / 중국과 친선
고구려	5부(소계절관순) 大加→ 가신(사자, 조의, 선인) 王 → 수상(상가, 대로, 패자) → 관리	**예서제**(서옥제) = 데릴사위제 동맹, 1책 12법 *형사취수제	감옥 X 절약과 침략	
옥저	王 X 거수, 후, 읍군, 삼로 *지리적 이유로 중국 문화 수입을 하지 못하여 군장 국가까지만 머무름	예부제 = 민며느리제 가족묘, 세골장 두벌 묻기 쌀항아리	오곡, 맥포 해산물 풍부	
동예		책화, 무천(10월) 방직 기술	단궁, 과하마, 반어피	
삼한	제정 분리(신구 문화 갈등 완충지) 종교(천군 – 소도) 정치(신지, 읍차, 부례)	제천행사(5, 10) 두레, 상투, 문신	벼농사	

다음처럼 공부할 때 표의 내용을 가린 후, 옆에 메모한 퀴즈용 단어를 보면서 빈칸에 끼워 맞힌다. 헷갈리거나 틀린 것이 있으면 ✔표시를 하고, 확실하게 익혀 ✔표시가 없어질 때까지 반복해서 복습한다.

부여			
고구려			
옥저			
동예			
삼한			

오곡, 5부족 연맹 / 마가, 두레, 반어피, 동맹 / 가족묘, 5부 / 상투, 4출도 지배 / 연맹국가 / 두벌묻기, 과하마 / 우가, 신지, 대로 / 사자, 1책 12법 / 문신, 읍차, 저가, 형사취수제 / 맥포, 패자, 부례 / 예부제, 단궁, 구가, 천군, 제천행사(5,10) / 4대금법 / 해산물 풍부 / 벼농사, 여서제(서옥제) / 조의, 세골장 / 민며느리제, 형사취수, 방직 기술, 제정 분리 / 쌀항아리, 선인 / 데릴사위제 / 흰옷 숭상 / 순장, 책화 / 1책 12법 / 금와전설 / 무천(10월) / 뇌옥(감옥) / 중국과 친선

<행정학>도 다음과 같이 구분해야 할 것이 참 많다. 이런 것들을 표 옆이나 밑에 내용을 적고 끼워 넣기 식으로 공부하면 부담 없이 외울 수 있다.

비경합성 (비분할성)	요금재(tool goods) 예) 케이블TV, 예방접종, 사설 수영장, 보건 서비스	공공재(public goods) 또는 집합재 예) 국방, 등대
경합성 (분할성)	민간재(private goods) 예) 옷, 구두	공유재(common pool goods) 예) 공원, 공공 수영장, 출근길의 도로, 정부 예산
	배제성	비배제성

즉, 아래와 같이 퀴즈용 단어를 무작위로 적는다.

구두, 출근길의 도로, 케이블TV, 등대, 옷, 예방접종, 공공 수용장, 사설 수영장, 국방, 정부 예산, 보건 서비스, 공원

그런데 위의 도표식 퀴즈를 아래와 같이 만들면 어떻게 될까?

케이블TV / 예방접종 / 사설 수영장 / 보건 서비스 / 국방 / 등대 / 옷 / 구두 / 공원 / 공공 수영장 / 출근길의 도로 / 정부 예산

표의 내용을 그대로 순서대로 적어서 몇 번만 반복하면 옆의 단어들이 서로 힌트가 되어 답을 짐작할 수 있기 때문에 굳이 퀴즈를 만든 의미가 없어지므로 잘못 만든 퀴즈다.

표 가리기형

다음과 같이 두 가지를 비교하여 구분하는 것들은 퀴즈로 만들지

않는다. 대신 표 자체 내용을 가리고 머릿속으로 떠올리면서 세부 사항을 알고 있는지 체크해, 모른다면 내용 옆에 ✔ 표시를 하면 된다.

구분	주민 자치	단체 자치
의미	정치적 의미	법률적 의미
국가	영미계(영국·미국)	대륙계(독일·일본)
자치권의 인식	자연적·천부적 권리	국가에서 전래된 권리
사무의 구분	고유사무와 위임사무 구분 없음	고유사무와 위임사무 구분
자치의 중점	지방 정부와 주민과의 관계 (주민에 의한 행정)	중앙과 지방 단체와의 관계 (자치 단체에 의한 행정)
조세 제도	독립세	부가세
정부 형태	기관통합형(의결과 집행 통합)	기관대립형(의결과 집행 분리)
중앙 통제 방법	입법적·사법적 통제	행정적 통제
수권 방법	개별적 수권주의	포괄적 수권주의
통제	주민 통제	중앙 통제
자치단체의 장 선임	주민이 선출	정부가 임명
민주주의와의 관계	상관관계 인정	상관관계 부정

구분	주민 자치	단체 자치
의미		
국가		
자치권의 인식		
사무의 구분		
자치의 중점		✔
조세 제도		✔
정부 형태		
중앙 통제 방법		

수권 방법	
통제	
자치단체의 장 선임	
민주주의와의 관계	✓

빈칸 채우기형

고유 개념이나 단어 – 숫자로 단순 구분뿐 아니라 단어 자체를 외워야 할 필요가 있을 때 주로 빈칸 채우기형 퀴즈를 만든다.

2012년 국가직 9급 〈행정학〉 | | |

• 콥은 주도 집단에 따라 정책 의제 설정 유형을 ______, ______, ______으로 분류하였다.

정답 동원형, 내부 접근형, 외부 주도형

　　　(암기법: 콥! '동내외(外)'에 의제 있다)

• 신뢰도는 타당도의 ______ 조건이다(______가 높다고 하여 ______가 높은 것은 아니다).

정답 필요, 신뢰도, 타당도

- 정보 공개 절차 : ___일 이내 공개 여부 결정(_______일 연장 가능),
  _______일 이내에 결정하지 않을 경우 비공개, _______일 이내에
  _______ 가능, _______일 이내에 공개 여부 결정(_______일 연장 가
  능), _______ 외에 _______이나 _______ 가능

정답 10, 10, 20, 30, 이의 신청, 7, 7, 이의 신청, 행정 심판, 행정 소송

특히 이렇게 숫자가 나오는 내용은 반드시 빈칸 채우기로 공부해야
한다. 그렇지 않고 줄줄 읽으면서 공부하면, 문제 보기를 7일, 14일,
30일, 10일처럼 정답과 비슷하게 만들기 때문에 헷갈려서 틀리기 십
상이다.

○× 퀴즈형

대집행의 대상이 되는 의무는 법령에 의하여 직접 명하여졌거나 법령에
의거한 행정 행위에 의하여 명하여진 의무로서 대체적 작위 의무에 한
한다.

○× 구분만으로 문제를 풀 수 있는 부분은 ○× 퀴즈를 만든다.
위의 내용은 기본서 중 기출문제로 나온 부분이다. 어떻게 퀴즈를

내면 효과적일까?

'법령에 의해 직접 명해졌다'는 것이 알아야 할 부분이다. 객관식 시험에서 헷갈리게 나올 만한 부분은 뻔하다. 그렇다면 '대집행 대상 – 법령에 의해 직접 명한 것 O/×' 이렇게 내면 된다.

특히 〈행정법〉 판례는 처분성 인정 · 불인정, 하자의 승계 인정 · 불인정, 공법 · 사법 등 구분할 것이 매우 많다.

이런 것은 간략하게 표로 만들어 두면 좋다.

하자의 승계 인정 O, 불인정 X

행정대집행에 있어서의 계고 · 통지 · 실행 · 비용 징수	O
과세처분과 체납처분 간	×
하명처분과 계고 간	×
암매장 분요개장명령과 후행계고 처분 간	O

* 참정권 · 청구권 · 평등권 · 사회적 기본권 침해 → 진정 O×
* 위헌 결정 이후 위와 같은 이유로 제소된 일반 사건 → 소급효 O / ×

위와 같이 구분해야 하는 내용을 모조리 다 섞어서 O, ×로 구분하는 연습을 반복해야 문제를 맞힐 수 있다. 그냥 읽으면서 쓰는 것은 공부를 하나마나가 되고, 통째로 다 외우겠다는 생각은 쓸데없는 에너지 낭비다. 구분만 정확히 할 수 있으면 문제 푸는 데 충분하기 때문이다.

퀴즈는 최대한 간소하게 만든다 :

보통 퀴즈라면 '거중기를 만들어 화성을 쌓는 데 이용한 사람은? - 정약용' 식으로 생각하기 쉬운데, 우리는 〈도전 골든벨〉에 출제할 문제를 만드는 게 아니다. 그럴듯한 문장을 멋지게 만들어야 할 필요는 전혀 없다. 오히려 시간 낭비일 뿐이다.

지금까지 퀴즈 예시를 봐서 알겠지만 퀴즈를 만들 때는 외워야 할 내용의 핵심을 살리면서 최대한 간소하게 만드는 것이 관건이다. 퀴즈를 보고 내용을 떠올린 뒤 정답과 맞혀 볼 수 있는 단서가 되면 그걸로 충분하다.

헷갈리게 마구 섞기형

〈국어〉의 한글맞춤법, 표준어 규정 등 실용국어 부분은 정확한 암기 없이 회독 수만 늘려 가면 10회독을 공부해도 겨우 60점 정도밖에 안 나오는 과목이다. 공부할 때부터 마구마구 헷갈리게 퀴즈를 만들어 놓고 아는 것과 모르는 것을 구분하는 훈련을 해야 시험 볼 때 헷갈리지 않고 정확히 맞힐 수 있다.

〈국어〉에 된소리와 예사소리를 구분하는 내용이 있다. 간단하게 퀴즈를 만들어 보면 다음과 같다.

강/깡소주 · 강/깡다구 · 강/깡술 · 구/꾸부리다 · 거/꺼꾸로 · 아리다/따운 · 곱/꼽사등이 · 곱/꼽추

정답 강소주, 깡다구, 강술, 구부리다, 거꾸로, 아리따운, 곱사등이, 꼽추

이 퀴즈를 보고 연습장에 답을 적고 책의 정답과 비교하면서 맞혀본다.

그런데 같은 퀴즈라도 퀴즈 만드는 목적을 망각한 퀴즈가 있다. 다음을 보자.

잘못된 퀴즈의 예

강/깡소주 · 강/깡술 · 구/꾸부리다 · 곱/꼽사등이 · 거/꺼꾸로 · 강/깡다구 · 아리다/따운 · 곱/꼽추

정답 강소주, 강술, 구부리다, 곱사등이, 거꾸로, 깡다구, 아리따운, 꼽추

무엇이 잘못되었을까? 같은 종류끼리 모아 놓아 다른 단어를 힌트로 정답을 짐작할 수 있다는 것이 문제다. 이렇게 되면 공부하는 효과가 반감되므로 애써 퀴즈를 만들어 외울 필요가 없다. 퀴즈 만들기의 핵심은 암기해야 할 내용을 무작위로 뒤섞은 후 그것을 구분해서 외우기 위한 것이다.

아래는 또 다른 퀴즈 예시다. 필자는 〈국어〉의 각 주제별로 퀴즈를 만들고 답은 책을 찾아보곤 했는데, 답을 찾아보면서 원리를 다시 한 번 읽게 되는 효과도 있었다.

• 이/히 구분

꼼꼼___, 헛되___, 끔찍___, 간간___, 가까___, 넉넉___, 빙긋
___, 깊숙___

정답 꼼꼼히, 헛되이, 끔찍이, 간간이, 가까이, 넉넉히, 빙긋이, 깊숙이

• 전설 모음화 / 원순 모음화

으스/시대기, 들/둘러리, 흉측/칙하게, 가즈/지런하다, 아둥바둥/아등바등

정답 으스대기, 들러리, 흉측하게, 가지런하다, 아등바등

• 받침에 'ㅅ' 붙는지 여부

기대값, 메나물, 후일, 제사날, 뒤일, 나무가지, 해님, 가외일, 피자집,
핑크빛, 나라님, 나라일

정답 기댓값, 멧나물, 훗일, 제삿날, 뒷일, 나뭇가지, 해님, 가욋일, 피자집,
핑크빛, 나라님, 나랏일

띄어쓰기는 아래처럼 낱자를 다 붙여서 띄어써야 할 경우와 붙여야
할 경우를 모두 섞어서 퀴즈를 만들었다.

버선한죽, 10여일간, 천여명, 십원짜리, 10원어치, 십년만에만났다

정답 버선∨한∨죽, 10여∨일간, 천여∨명, 십∨원짜리, 10원어치,
　　　십∨년∨만에∨만났다

〈행정학〉의 퀴즈는 다음과 같이 만든다. 우선 〈행정학〉에는 산출
지향적 모형과 과정 지향적 모형이 있음을 알아야 한다.

① **산출 지향적 모형**(정책 결정의 기준 강조) : 합리모형, 만족모형, 점증모형,
　혼합모형, 최적모형, 연합모형(타협모형)
② **과정 지향적 모형**(정책 과정의 참여자 강조) : 체제모형, 집단모형, 엘리트
　모형, 게임이론, 제도모형, 쓰레기통모형, 흐름·창모형

이 둘을 구분하기 위해서는 아래처럼 모두 섞어 그것이 어느 모형
에 속하는지 떠올려 보는 퀴즈를 만들어 공부하면 된다.

제도모형, 쓰레기통모형, 점증모형, 혼합모형, 엘리트모형, 게임이론,
최적모형, 흐름·창모형, 연합모형(타협모형), 합리모형, 집단모형, 만족모
형, 체제모형

가끔 퀴즈만 실컷 만들어 놓고는, 자기가 예전 공부하던 습관으로 돌아가 퀴즈는 풀지 않고 눈으로 문제와 정답을 동시에 읽으면서 회독 수만 늘려 가는 수험생이 있다. 퀴즈를 제대로 풀지 않으니 아는 것과 모르는 것 구분도 안 되고 공부량도 줄지 않는다. 왜 퀴즈를 만들었는지 그 목적을 잊어버린 채 예전 공부법을 답습하는 것이다.

퀴즈를 공들여 만든 이유는 지식을 머릿속에서 능동적으로 끄집어내고, 아는 것과 모르는 것을 명확히 구분한 후, 모르는 것만 집중적으로 파고들기 위해서다. 퀴즈를 만드는 것도 중요하지만 목적에 맞게 활용하는 것이 더 중요하다.

퀴즈 활용의 2가지 핵심

❶ 정답 내용을 보기 전에 퀴즈를 먼저 풀어 알고 있는 내용을 인출한다

❷ 아는 것과 모르는 것을 구분한 후, 모르는 것만 집중적으로 학습한다(똑똑반복법)

문제를 만들고 처음 퀴즈를 풀면 당연히 90% 이상 틀린다. 그렇다 해도 퀴즈부터 풀어 아는 것과 모르는 것을 체크한다. 앞에서도 이야기했지만 퀴즈 푸는 것 자체만으로 그냥 읽는 것보다 많은 지식을 습득할 수 있다.

퀴즈를 풀 때는 자신이 기존에 알고 있는 것을 최대한 떠올리려 노력한다. 처음에는 아는 게 없어 괴롭겠지만 반복할수록 아는 내용이 점차 많아지면서 성취감을 느끼게 된다.

퀴즈로 아는 것과 모르는 것을 구분했다면 모르는 것만 집중적으로 학습해 모르는 비율을 줄여 나간다. 그래야 공부량도 줄고 실효가 있다.

작은 행복에 감사하며

정진호(지방행정서기보)

수험 기간: 2013년 8월부터 공부 시작
합격 시험: 2015년 6월 광주광역시 일반행정직 9급 최종 합격

저는 법대에 입학했지만 로스쿨에 대해서는 회의적이었습니다. 과연 로스쿨이 맞는 길인가, 변호사를 내가 할 수 있을까, 이런저런 생각을 하다가 군대를 갔고 전역했습니다. 전역하고 그냥 멍하니 시간 보내기는 뭐해서 자격증들을 땄습니다. 한국사, 사무자동화산업기사, 컴활 1급, 정보처리기사 등등, 당연히 학점을 잘 챙기지는 못했지만 그래도 하나하나 따고 싶었던 자격증들을 따가니 제 자신이 뿌듯했습니다.

그러다가 내가 할 수 있는 일은 무엇인가 생각해 봤고, 결론은 공무원이 저에게 가장 맞는 일이라는 생각이 들었습니다. 마침 정보처리기사와 컴활이 있었기에 공무원 가산점은 처음부터 얻어놓은 상태였습니다.

공단기 프리패스로 기초를 잡다

2013년 8월, 공무원 공부를 시작했습니다. 처음에는 7급을 생각했

기 때문에 7급에 맞게 국어, 영어, 한국사, 헌법, 행정법, 행정학, 경제학 기본서들을 샀습니다. 1년 동안 기본서와 기출을 팠습니다. 중간에 지역 학원도 다니고 시험도 쳤습니다. 흔히 1년 안에 붙는 사람들도 있다 하는데, 저에게는 해당 사항이 없었습니다. 학원이 공부 습관을 잡는 데는 도움이 됐지만 돌이켜보면 저에게는 맞지 않는 듯했습니다.

이래서는 안 되겠다 싶어서 생전 듣지 않았던 인강을 듣기 시작했습니다. 노량진으로 갈까도 생각했는데 일단 독서실에서 1년만 인강 들어보자는 생각으로 공단기 프리패스를 끊어서 1년 동안 들었습니다. 국어는 이선재 선생님, 영어는 안미정 선생님, 한국사는 탐구 한국사 독학, 행정법, 헌법은 전효진 선생님, 행정학은 김중규 선생님, 경제학은 정병열 경제학을 독학으로 학습했습니다. 같이 공무원 공부를 하던 친구의 도움을 많이 받았고, 이 자리를 빌어 감사의 말을 전하고 싶습니다. 아예 근본부터 다시 들었습니다. 전혀 공부를 안 했다 생각하면서 처음부터 다시 커리큘럼대로 강의를 들었고 기본서를 계속 회독 수를 늘려가면서 숙지했습니다.

안 좋은 결과에도 좌절하지 않는다

처음 치른 국가직 9급 시험에서는 합격선과 아주 먼 점수가 나왔습니다. 그래도 작년과는 느낌이 달랐습니다. 작년에는 오만한 마음으로 시험을 봤습니다. 하지만 인강을 들은 뒤에는 겸손한 마음으로, 마음을 비우고 시험을 봤습니다. 국가직에서 죽을 쒔지만 그래도 크게 아쉽지는 않았습니다.

그런 기분으로 회독 수를 더 늘리고 지방직 9급을 봤습니다. 여지껏 광주에서 살아왔기에 다른 지역은 생각하지 않았습니다. 광주가 컷이 높고 유공자가 많다는 소리를 들었지만, 그래도 광주가 좋았기 때문에 광주 시험에 응시했습니다. 작년에 비해 채용 인원이 반 토막이 났기에 솔직히 두려운 마음은 있었지만, 쫄지 말자는 생각으로 시험에 임했습니다. '아, 또 시험 망쳤다' 처음에 든 생각이었습니다. 무거운 마음으로 채점을 했습니다. 그런데 놀랐습니다. 평균이 89점이라니! 국어 85점, 영어 90점, 한국사 95점, 행정법 85점, 행정학 90점이 나왔습니다.

그저 감사한 마음뿐

솔직히 기대가 없었다면 거짓말입니다. 공단기에 점수를 올려봤고, 합격권을 계속 유지했습니다. 필기 결과가 나왔던 1달 동안, 정말 생전 느끼지 못했던 감정들을 느꼈습니다. 7급 공부는 이미 싱숭생숭한 마음으로 놔버린 상태…… 이제 와서 미련은 없습니다. 필기 발표일이 됐습니다. 떨리는 마음으로 합격자 번호를 조회했고, 제 번호가 있었습니다. 그런데 사람 마음이 웃긴 게, 막상 제 번호를 보니 마음이 덤덤했습니다. 오히려 부모님이 더 기뻐하셨습니다.

하지만 방심은 금물! 아직 면접이라는 관문이 남았습니다. 면접 준비는 지역 학원에서 했습니다. 학원에서 면접 책자를 받고, 스터디를 만들어서 면접 준비를 했습니다. 수많은 모의 면접과 피드백을 거쳐 면접에 임하니 그래도 면접에 대한 긴장감이 처음보다는 훨씬 덜했습니다. 그리고 최종 합격자 발표! 제 번호가 있었습니다. 이제 지긋지긋한 공무원 공부가 끝났다는 생각이 가장 먼저 들었습니다. 그리고 기뻐하시는 부모님의 모습을 보며 이제 어엿한 사회인이 됐다는 생각도…… 9급도 저에게는 과분한 것이기에, 모든 사람들에게 감사의 말을 드리고 싶습니다. 아직 발령이 나지는 않았지만, 항상 제 주변의 사람들을 생각하면서 면접용 멘트가 아니라 정말로 공익에 도움을 주는 사람이 되고 싶습니다.

O! bRain

smart Repeat

Part **3**

공무원 1년 안에 합격하는 최고의 학습 전략 ❷

최소 노력 최대 기억 똑똑반복법

분명 수십 번은 넘게 밑줄 쳐가며 외웠는데 막상 시험장에 들어가면 가물가물 기억이 안 나는 경우가 많다.

'휴…… 분명 공부한 건데 왜 기억이 안 났을까…… 공부한 것만 다 맞혔어도 합격인데, 난 왜 이렇게 머리가 나쁘지?'

한번 이런 식으로 떨어지고 나면 그 충격으로 어떻게 공부해야 할지 덜컥 불안하기까지 하다.

'시험장에서 또 기억이 안 나면 어쩌지? 내가 지금 공부를 제대로 하고 있는 걸까?'

불안은 점점 심해지고, 혹시나 안 보면 까먹을까 두려워 공부량을 쉽게 줄이지도 못한다.

공부량을 줄이지 못한 채 방대한 양을 열심히 외운다고 하더라도 시간이 지나면 자꾸만 까먹기 마련이다. 얼마나 더 반복해야 완벽해질 수 있을지, 밑 빠진 독에 물 붓듯 끝이 안 보이니 불안해짐은 물론 노력해도 안 될 거란 생각으로 공부에 진저리가 난다.

반복 주기 노하우만 알면 최소 노력으로 최대 기억 효과

수험 공부 중 가장 지치는 부분이 바로 이렇게 사막을 걷는 듯한 막막함이다. 흔히 자기 머리를 탓하며 자책하기 십상이지만 이건 머리 탓이 아니다. 기억력의 반복 주기만 제대로 터득하면 바로 해결할 수 있다.

반복 주기 노하우를 알면 최소한의 노력으로 최대의 기억 효과를 얻을 수 있고, 시험장까지 기억의 저장 창고를 가져갈 수 있을지 정확한 판단 기준이 생겨 공부의 끝이 보인다.

공부는 반복이 생명이다

1회독을 마치고 2회독을 들어갈 때 내용이 처음 보는 것처럼 생소하면 참 난감하다. 하지만 절대 당황하거나 좌절할 필요는 없다. 이것은 기억을 담당하는 뇌의 원리만 알면 지극히 자연스러운 현상이다.

16년에 걸쳐 기억력에 관해 연구한 독일의 심리학자 에빙하우스에 의하면, 새로운 것을 처음 학습한 뒤 10분 후부터 망각이 시작되며, 1시간 뒤에는 56%, 1일 뒤에는 67%, 1주일 뒤에는 75%, 1개월 뒤에는 79%를

망각하게 된다고 한다. 그러므로 1회독에서 2회독으로 넘어가는데 1개
월 이상 걸렸다면 그 내용이 생소하게 느껴지는 건 당연한 일이다.

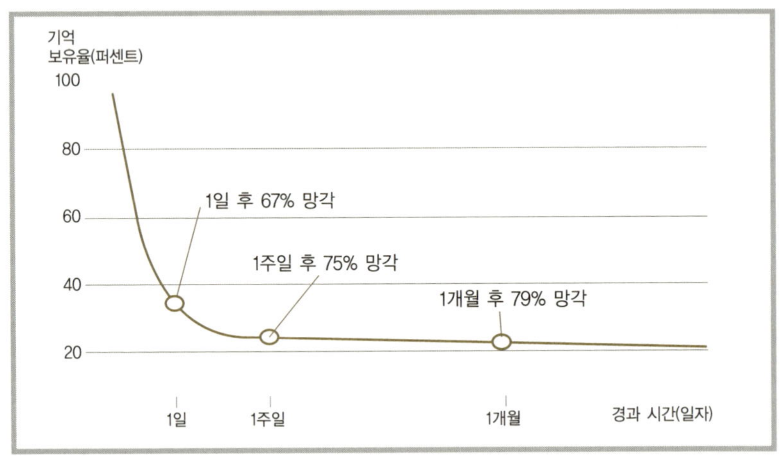

이렇게 망각률이 높은데 공부를 어떻게 하나 막막한 생각이 들 수
도 있는데 다행히도 잊어버리기 전에 같은 내용을 반복 학습한다면 망
각률이 급격히 떨어진다고 한다. 그래서 반복이 중요한 것이다.

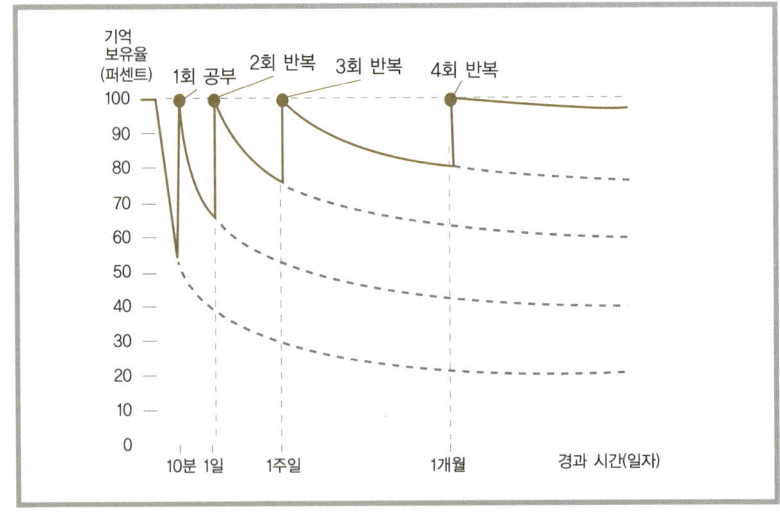

 앞에서 우리는 독일의 심리학자 에빙하우스의 망각에 관한 연구 결과를 바탕으로 추론했을 때, 공부한 지 10분 후, 1일 후, 1주일 후, 1개월 후 주기적으로 반복 학습하는 것이 가장 효과적이라 배웠다. 필자도 처음에는 이 주기를 활용해 반복했지만 통계 수치보다 더 많이 잊어버리게 되어 무척 당황했다. 그래서 나름의 방식을 개발했다. 이름하여 '똑똑반복법' 이 그것이다. 편의상 줄임말로 '똑반법' 이라 하자.

똑반법은 1일 후, 1주일 후, 1개월 후라는 복습 주기를 살리되, 1일 후 복습을 그날 한 번 공부한 것으로 그치는 것이 아니라, 그 다음 날 답을 안 보고 맞힐 수 있을 때까지 매일 반복하는 것이다. 마찬가지로 1주일 후, 1개월 후 봤을 때도 답을 안 보고 맞힐 수 있을 때까지 반복하는 것을 말한다.

똑똑반복법 매뉴얼

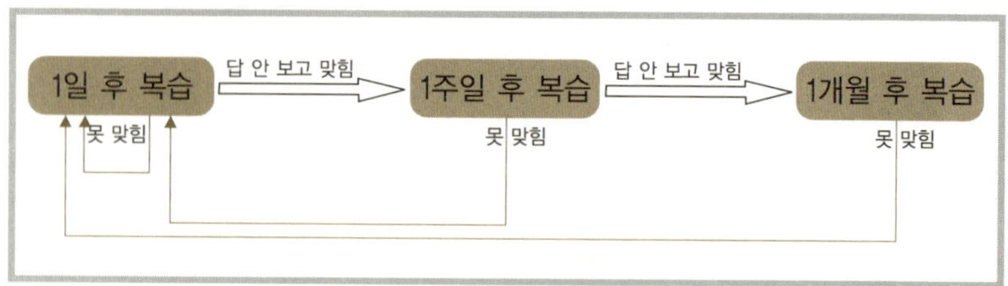

❶ 1일 후 복습

틀린 퀴즈를 공부한 다음 날 한 번 복습하는 것에 그치는 것이 아니라, 답을 안 보고 맞힐 수 있을 때까지 매일 복습한다. 간단한 퀴즈는 1, 2일 반복하면 맞힐 수 있지만 〈한국사〉의 '통일 정책 흐름표' 같은 까다로운 내용은 8일이 걸릴 수도 있다. 틀린 퀴즈를 답 안 보고 맞힐 수 있을 때 1일 후 복습이 완성되며, 1주일 후 복습으로 넘어간다.

❷ 1주일 후 복습

1일 후 복습이 완성된 내용을 1주일 후에 다시 복습하는데, 그때 퀴즈를 못 맞히면 다시 '1일 후 복습' 단계로 돌아간다. 그러나 1주일 후에 복습했을 때 답을 안 보고도 퀴즈를 맞히면 1개월 후에 체크한다.

❸ 1개월 후 복습

1주일 후 복습이 완성된 내용을, 1개월 후 체크했는데 퀴즈를 못 맞혔다면 '1일 후 복습' 단계로 다시 돌아간다.

즉, 매일 반복 학습을 통해 기억이 완성됐다면 1주일 뒤에 다시 체크하고, 1주일 뒤에 체크해서 기억하고 있으면 1개월 뒤에 다시 확인하고, 기억 못하고 있으면 다시 1일 반복으로 돌아가는 것이다.

반복해도 자꾸 틀린다는 당신, 한 번이라도 이렇게 체계적으로 반복해 본 적 있는가? 틀린 문제를 1개월 후까지 기억할 정도로 반복해 익혔는가? 대개 틀린 문제를 하루나 이틀 정도는 복습하지만 그 이상은 잘 보지 않는다. 그래서 시간이 지나면 기억이 희미해져 다시 틀리는 것이다. 본인은 공부했다고 생각하지만, 충분하지 않은 것이다.

지금부터라도 똑반법을 제대로 활용하면 공부한 내용을 절대 틀리지 않을 수 있다.

퀴즈식 공부와 똑반법을 접목해 모르는 것만 파고든다

똑반법으로 공부하다 보면, 복습해야 할 부분이 계속 누적되므로 확실하게 아는 것들을 지워 나가지 않으면 복습 분량이 너무 많아져 반복 주기를 살리는 것이 불가능해진다. 앞서 퀴즈법을 통해 아는 것과 모르는 것을 체크했다면, 모르는 것만 골라 똑반법으로 반복한다.

알고 모르는 것을 철저히 구분하지 않고 전체적으로 3~4회 반복해 훑기만 하면, 이미 알고 있는 것은 다시 보지 않아도 되는데 보고 있으니 시간 낭비이고, 모르는 것은 확실히 알 때까지 10번이고 20번이고 봐야 하는데 3~4회밖에 못 봐 각인이 안 된다. 결국 시험장에 가서는 또 틀리게 되는 것이다.

그러나 모르는 것만 콕콕 집어 효율적으로 공부하는 사람은 시간 낭비 없이 다른 사람 3개월 공부할 것을 1개월 만에도 마스터할 수 있다. 그게 어떻게 가능할까? 아래 그림을 보자.

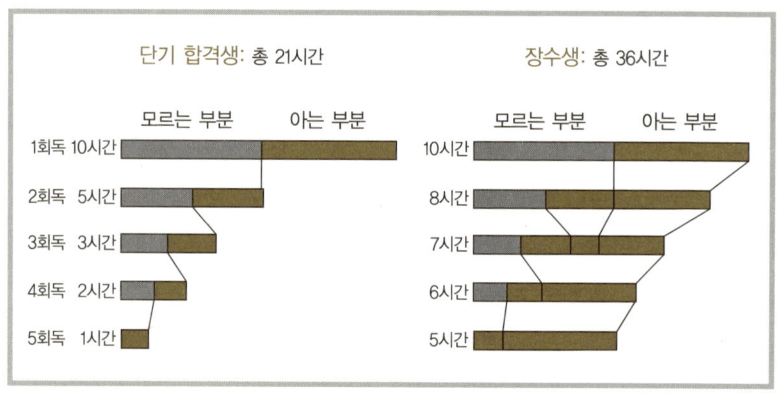

※ 회독하면서 구분한 모르는 부분은 막대의 회색으로, 아는 부분은 별색으로 표시했다. 회독을 반복할 때마다 모르는 내용이 50% 정도 줄어든다고 가정했다

단기 합격생은 10시간 동안 1회독을 해서 모르고 아는 부분을 구분했다. 2회독째는 모르는 부분만 공부하기 때문에 1회독의 반절인 5시간이 걸린다. 반면, 장수생은 2회독 할 때 모르는 부분만 공부하는 5시간 외에도 아는 것까지 공부하기 때문에 3시간이 더 걸려 총 8시간이 소요된다.

따라서 같은 내용을 마스터하는 데 걸리는 시간의 총합이 단기 합격생은 21시간, 장수생은 36시간이나 걸린다. 단기 합격생이 모르는 것만 보면서 공부 시간을 팍팍 줄여 나갈 때, 장수생은 전체를 훑으면서 시간을 줄이지 못한 결과다.

장수생은 누구보다 노력은 많이 하지만 성과는 낮으니 억울할 따름이다. 머리의 차이인가? 아니다. 단지, 공부 방법의 차이일 뿐이다.

기출문제 똑똑반복법 실전적용법

똑반법을 처음부터 한꺼번에 적용하려다 나중에 복잡하다고 포기하지 말고, 기출문제 10개 정도로 시작해서 어느 정도 감을 잡은 후 점차적으로 폭을 넓혀 적용해 보자. '아~! 이런 주기 패턴으로 암기를 해야 시험장에서 기억이 나는구나. 이렇게 하면 못 외울 게 없겠는데?' 하고 감을 잡는 것이 중요하다.

1 기출문제 10개를 먼저 선택해서 푼다

2 채점할 때는 P, A, M, ✔로 구분한다

- P는 Perfect – 완벽하게 알아서 맞힌 문제, 1개월 뒤에 풀어도 맞힐 수 있을 것 같은 문제
- A는 Again – 맞히긴 했지만 아리송해서 다시 봐야 할 문제
- M은 Mistake – 실수로 틀린 것. 문제 옆에 실수한 이유를 같이 적는다(예: 문제를 반대로 읽었음 등). 실수도 습관이라 이렇게 적어 놔야 반복되는 실수의 원인을 고칠 수 있다. 시험장에서 실수로 틀렸다고 가슴 쳐봐도 그땐 이미 늦었다. 공부할 때부터 고치자.
- ✔는 완전히 몰라서 틀린 문제, 맞혀도 찍기로 맞힌 문제

기출문제는 보기 지문까지 다 알아야 하기 때문에 문제를 맞혔더라도 보기 지문 중 모르거나 아리송해서 다시 봐야 할 것은 한번 더 체크해야 한다. 체크한 뒤 복습해서 알게 되면 그 옆에 P라 표시한다.

정답뿐 아니라 전체 지문이 어디에 해당하는 내용인지 알아야 하고 틀린 보기라면 옳게 바꿀 수 있을 정도로 공부해야 한다.

2012년 국가직 9급 〈한국사〉 ▎▎▎▎

8. 다음 건의를 받아들인 왕이 실시한 정책으로 옳은 것은?

임금이 백성을 다스릴 때 집집마다 가서 날마다 그들을 살펴보는 것이 아닙니다. 그래서 수령을 나누어 파견하여, (현지에) 가서 백성의 이해(利害)를 살피게 하는 것입니다. 우리 태조께서도 통일한 뒤에

외관(外官)을 두고자 하셨으나, 대개 (건국) 초창기였기 때문에 일이 번잡하여 미처 그럴 겨를이 없었습니다. 이제 제가 살펴보건대, 지방 토호들이 늘 공무를 빙자하여 백성들을 침해하며 포악하게 굴어, 백성들이 명령을 견뎌내지 못합니다. 외관을 두시기 바랍니다.

✓ ① 서경 천도를 추진하였다.

A ② 5도 양계의 지방 제도를 확립하였다.

③ 지방 교육을 위해 경학박사를 파견하였다.

✓ ④ 유교 이념과는 별도로 연등회, 팔관회 행사를 장려하였다.

정답　③

3문제 중 주관식 단답형으로 알아야 할 정도로 중요한 문제나 보기 지문은 퀴즈로 바꾼다

(퀴즈 만드는 자세한 방법은 앞의 '인출식 퀴즈법'을 참고한다.)

2012년 국가직 9급 〈한국사〉ㅣㅣㅣ

8. 다음 건의를 받아들인 왕이 실시한 정책으로 옳은 것은?

임금이 백성을 다스릴 때 집집마다 가서 날마다 그들을 살펴보는 것이 아닙니다. 그래서 수령을 나누어 파견하여, (현지에) 가서 백성의

이해(利害)를 살피게 하는 것입니다. 우리 태조께서도 통일한 뒤에 외관(外官)을 두고자 하셨으나, 대개 (건국) 초창기였기 때문에 일이 번잡하여 미처 그럴 겨를이 없었습니다. 이제 제가 살펴보건대, 지방 토호들이 늘 공무를 빙자하여 백성들을 침해하며 포악하게 굴어, 백성들이 명령을 견뎌내지 못합니다. 외관을 두시기 바랍니다.

✓ ① 서경 천도를 추진하였다.   – 정종, 인종

A ② 5도 양계의 지방 제도를 확립하였다.   – 현종

③ 지방 교육을 위해 경학박사를 파견하였다.

✓ ④ 유교 이념과는 별도로 연등회, 팔관회 행사를 장려하였다.   – 태조

정답 ③

이 문제는 정답인 ③번뿐만 아니라 다른 보기들도 각각 어떤 왕의 업적인지를 외워야 한다. 각 보기 옆에 왕의 이름을 적고 복습할 때 답을 가린 채 어떤 왕인지 안 보고 맞힐 수 있을 때까지 공부한다.

현종 5도 양계, 정종 · 인종 서경 천도 등 왕의 업적은 외우기 까다로운 부분이다. 이런 부분은 즉석에서 스토리 암기법을 만들어 놓는다.

현모양처, 정(正)인(人)이 왜 서천으로 갔을꼬…….

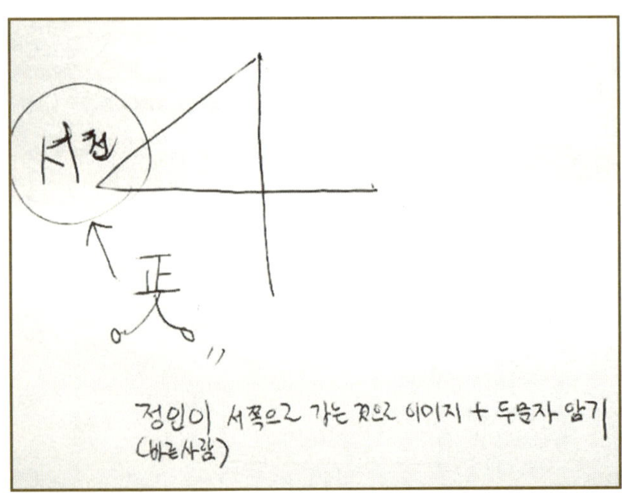

2012년 국가직 9급 한국사 16번 보기 지문으로 출제된 충선왕과 충목왕의 업적도 외우기 까다로운데 아래처럼 스토리 암기법을 만들어 두고 외우면 한결 쉽다.

① 만권당을 설립하여 문물 교류를 진흥하였다.
④ 정치도감을 설치하여 국가 재정 수입의 기반을 확대하였다.

만권당 충선왕, 정치도감 충목왕

→ 배에 책이 만선이다~ 정치 똑바로 안하면 목숨 잃을 각오해!

6. 밑줄 친 '이 시대'의 사회 모습으로 옳은 것은?

> <u>이 시대</u>의 황해도 봉산 지탑리와 평양 남경 유적에서 탄화된 좁쌀이 발견되는 것으로 보아 잡곡류 경작이 이루어졌음을 알 수 있다. 농경의 발달로 수렵과 어로가 경제 생활에서 차지하는 비중이 줄어들기 시작하였지만, 여전히 식량을 얻는 중요한 수단이었다. 한편 가락바퀴나 뼈바늘을 이용하여 옷이나 그물을 만드는 등 원시적인 수공업 생산이 이루어지기 시작하였다.

① 생산물의 분배 과정에서 사유 재산 제도가 등장하였다.

✓② 마을 주변에 방어 및 의례 목적으로 환호(도랑)를 두르기도 하였다.

 — 청동기, 초기 철기

③ 흑요석의 출토 사례로 보아 원거리 교류나 교역이 있었음을 알 수 있다.

✓④ 집자리는 주거용 외에 창고, 작업장, 집회소, 공공 의식 장소 등도 확인되었다.

 — 청동기, 초기 철기

정답 ③. 신석기 시대

②, ④번 보기 지문이 어느 나라인지 잘 몰랐지만 ①, ③번을 확실히 알고 있어서 정답을 맞힌 거라면 ②, ④번 보기 지문을 체크해놓고 복습할 때는 다른 부분은 볼 필요 없이 보기 지문만 보고 어느 나라인지 맞힐 수 있을 때까지 공부한다.

15. 리더십 이론에 대한 설명으로 옳지 않은 것은?

① 피들러(Fiedler)는 리더의 행태에 따라 권위주의형, 민주형, 자유방임형의 세 가지 유형으로 구분하였다.

② 행태이론은 리더의 자질보다 리더의 행태적 특성이 조직 성과에 영향을 미친다고 본다.

③ 허시(Hersey)와 블랜차드(Blanchard)는 부하의 성숙도에 따라 리더의 역할이 달라져야 한다고 주장한다.

④ 하우스(House)의 경로-목표 이론에 의하면 참여적 리더십은 부하들이 구조화되지 않은 과업을 수행할 때 필요하다.

정답 ①

이 문제는 보기 지문의 핵심 단어가 중요하기 때문에 키워드 퀴즈 형태로 만들어 외울 필요가 있다. 문제만 풀고 넘어가는 것이 아니라 아래처럼 문제 옆에 퀴즈 문제를 만들어 공부한다.

• 퀴즈 예시

– 권위주의형, 민주형, 자유방임형 구분?

– 아이오와 대학 Lippitt & White

– LPC 척도 상황적응모형?
– 피들러

2012년 국가직 9급 〈행정학〉 ❙ ❙ ❙

2. 가우스(J.M. Gaus)가 지적한 행정에 영향을 미치는 환경 요인에 포함 되지 않는 것은?

① 국민(people)

② 장소(place)

③ 대화(communication)

④ 재난(catastrophe)

정답 ③. 가우스가 지적한 행정에 영향을 미치는 환경 요인 7가지: 국민, 장 소, 물리적 기술, 사회적 기술, 욕구와 이념, 재난, 인물

이런 문제는 '가우스의 행정에 영향을 미치는 환경 요인?' 이라고 퀴즈를 만들어 놓고 그 요인 전체를 외운다. 외우기가 까다로우니 아래처럼 문장식의 암기법을 만들어 외우면 쉽다.

4 기본서의 핵심 내용까지 같이 봐줘야 할 것은 기본서 쪽수 표시

2014년 국가직 9급 〈한국사〉 ❙ ❙ ❙

18. 다음의 기록이 보이는 왕대의 정치 변화를 바르게 설명한 것은?

> (왕이) 양역을 절반으로 줄이라고 명하셨다. 왕이 말하였다. "호포나 결포는 모두 문제점이 있다. 이제는 1필로 줄이는 것으로 온전히 돌아갈 것이니 경들은 대책을 강구하라."

① 특정 붕당이 정권을 독점하는 일당 전제화의 추세가 대두되었다.

② 왕위 계승에 대한 정통성과 관련하여 두 차례의 예송이 발생하였다.

③ 정치 집단은 소수의 가문 출신으로 좁아지면서 그 기반이 축소되었다.

④ 붕당을 없애자는 논리에 동의하는 관료들을 중심으로 탕평 정국을 운영하였다.

정답 ④. 박스 보기의 국왕은 영조

이 문제의 경우 영조의 업적과 관련된 부분이다. 문제를 맞혔더라도 관련해서 기본서의 중요한 내용을 외우고 있는지 짚고 넘어가야 기

출문제를 제대로 공부하는 것이다. 영·정조 업적 핵심 내용을 혼자 그냥 줄줄 적을 수 있어야 한다. 핵심 내용이 정리되어 있는 기본서의 페이지를 다음과 같이 문제 옆에 표시한다.

✓ p250 18. 다음의 기록이 보이는 왕대의 정치 변화를 바르게 설명한 것은?

이런 문제의 경우 문제는 맞히더라도 p250의 기본서 <u>핵심 내용을 모두 적을 수 있을 때까지</u> 복습한다. 핵심 내용을 안 보고도 적을 수 있으면 그때서야 ✓표에 동그라미를 칠 수 있다.

〈한국사〉 p.250 기본서 핵심 내용

영조	임오화변, 균역법, 탕평책, 노비공감법, 농정집정, 기로과, 무원록, 속대전, 신문고 부활, 3대유폐
정조	서얼 발탁, 규장각, 탁지지, 생생자, 대전통편, 한구자, 일성록, 홍재전서, 정리자, 신해통공, 장용영, 추관지, 제언절목

※ 〈정재준 한국사 암기법〉

모든 문제를 이렇게 하는 것이 아니라 기본서의 핵심 내용이 반영되어 있는 중요한 문제만 기본서 쪽수를 표시하고 공부하면 된다.

기출문제를 똑반법을 적용해 복습한다는 것은 단순히 틀린 것을

3~4번 보는 것이 아니다.

- 단답형 주관식으로 기억해야 할 것은 퀴즈로 만든다.
- 보기 지문까지 A, ✔로 표시한다.
- 기본서의 핵심 내용을 알아야 하는 부분은 페이지를 적어서 확실히 복습한다.

5 답을 보면서 복습하면 안 되기 때문에 답을 모두 지운다

필자는 답 지우기가 귀찮아서 처음부터 답을 연습장에 적으면서 풀었다.

6 1일 후 복습을 한다

그 다음 날 복습했을 때 답을 안 보고도 맞힐 수 있으면 A, M, ✔ 표시 위에 동그라미를 친다. A, M, ✔ 표시를 지우지 않고 그 위에 동그라미를 치는 이유는 풀어 본 다음 처음부터 다시 또 풀어 봤는데 처음 풀었을 때 틀린 문제를 또 틀리는지 여부를 파악하기 위해서다.

이때 주의 사항은 복습한 다음 동그라미를 치는 것이 아니라 답을 안 보고도 맞힐 수 있을 때 동그라미를 친다.

7 1주일 후 복습을 한다

1주일 뒤에 복습했을 때 틀린 게 나온다면 또다시 1일 후 복습으로 돌아간다. 두 번째 1일 후 복습이 완성된 후 1주일 뒤 다시 '1주일 후 복습'에 도전한다. 1주일 뒤에 그 문제를 보자마자 단박에 맞힐 수 있어야 1주일 후 복습이 완성되는 것이다.

반복을 해도 자꾸 잊어버리는 것은 따로 표시해 둔다

많은 수험생이 7월 국가직, 8월 지방직 등 여러 시험을 동시에 응시한다. 한 시험이 끝난 후 다음 시험을 대비할 때, 전체 범위를 다 훑지 않고 모르는 것만 콕콕 집어 볼 수 있다면 최고일 것이다.

어떻게 하면 모르는 것만 콕콕 집어낼 수 있을까? 반복을 해도 자꾸 잊어버리는 부분을 따로 표시하거나 정리해 놓으면 가능하다. 그러면 시간이 촉박할 때 정리한 것만 봐도 시험에서 선방할 수 있다.

시험 1개월 전 마지막 최종 정리할 때 모르는 부분을 포스트잇으로 표시한다. 그리고 모르는 것을 외우게 되면 포스트잇을 책 위쪽으로 이동시켜 붙인다. 다음 시험 준비할 때는 나머지 모르는 포스트잇 부분만 보면 된다.

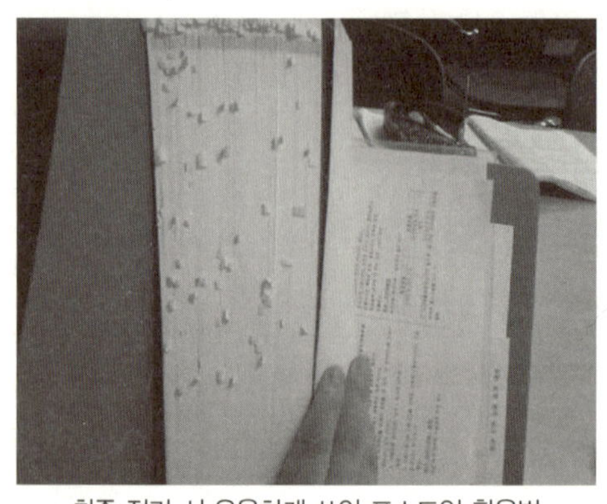

최종 정리 시 유용하게 쓰인 포스트잇 활용법

왜냐하면 지난번 최종 정리를 시작할 때 기억하고 있던 부분은 이미 장기 기억으로 확실히 넘어갔기 때문에 안 봐도 다음 시험까지 기억력을 유지할 것이다. 최종 정리를 시작하는 순간까지 몰랐던 부분은 다음에도 헷갈릴 가능성이 높아 다시 봐야 한다.

이런 공부 방법은 9급 필기 시험이 끝나고 7급 필기 시험까지 2개월 정도 남은 기간에 놀라운 효과를 발휘했다. 30%의 시간은 기존 과목의 덜 외운 포스트잇 부분만 복습하고, 나머지 70%의 시간은 7급 준비를 위한 새로운 과목에 투자할 수 있었기 때문이다.

단지 공부 순서만 바꿨을 뿐인데 놀라운 효과 발휘

혹시 당신은 문제 풀이를 할 때 어느 특정 부분을 공부한 뒤 곧바로 그 부분에 해당하는 문제를 풀면서 맞혔다고 좋아하고 있는 건 아닌가? 공부한 내용에 해당하는 문제를 바로 풀고 그것을 맞혔다고 생각하는 건 큰 착각이다.

A와 B가 있다. 이 두 사람의 공부 순서를 찬찬히 살펴보자.

A와 B의 공부 순서

	A	B
월	조선시대 내용 공부	조선시대 문제 풀이
화	조선시대 문제 풀이	조선시대 내용 공부
수	조선시대 전체 복습	고려시대 문제 풀이
목	고려시대 내용 공부	고려시대 내용 공부
금	고려시대 문제 풀이	삼국시대 문제 풀이
토	고려시대 전체 복습	삼국시대 내용 공부
월	삼국시대 내용 공부	조선시대 전체 복습
화	삼국시대 문제 풀이	
수	삼국시대 전체 복습	고려시대 전체 복습
목		
금		삼국시대 전체 복습

이렇게 서로 다른 공부 계획을 잡은 사람을 비교해 보자. A, B가 같은 노력을 했을 경우 누가 더 성적이 오르겠는가? 당신이 반복 주기를 제대로 이해했다면 B라 답할 것이다.

A는 조선시대를 공부하고 1일 뒤 문제를 풀었기 때문에 대부분 맞힐 수 있을 것이다. 그런데 1주일 뒤에 다시 그 문제를 푼다면 어떻게 될까? 맞혔던 문제도 많이 틀리게 될 것이다. 정말 자신이 알아서 맞힌 문제인지를 점검하려면 1주일 뒤에 전체 문제를 다시 풀어 봐야 한다. 게다가 비슷한 내용을 매일 3일 동안 공부한다. A의 경우 관련 내용을 똑똑반복 주기로 복습해야 기억이 극대화된다는 걸 모르고 있다.

반면 B는 A와 다른 공부 패턴으로 다음과 같은 효과를 이끌어 냈다.

❶ 시험장에서도 기억날 것과 아닌 것이 구분되어 결국 공부량이

줄어든다

내용을 공부하기 전(내용을 본 것이 1개월 전이라 가정) 문제를 풀었기 때문에 그때 맞힌 것은 시험장에서도 기억날 것이라 봐도 무방하다. 당장은 A보다 틀린 문제가 많아서 공부할 게 많아 보이지만, B는 1주일 뒤 틀린 문제만 다시 풀면 되기 때문에 결국은 공부 분량을 줄인 셈이 된다.

❷ 똑반법으로 같은 노력을 들여 최대의 효과를 이끌어냈다

B는 똑반법(1일 후, 1주일 후) 복습 주기를 살린 공부 계획이 있다.

A와 B는 똑같이 조선시대를 3일 공부했지만 반복 주기를 살려 공부한 B가 훨씬 더 많은 것을 기억한다. 머리 차이인가? 아니다. 단지 뇌의 기억 주기를 활용한 반복 학습을 이해하고 순서만 바꿨을 뿐이다.

단원별 기출문제 풀이 – 홀수, 짝수 나눠서 풀기

단원별 기출문제집이나 예상문제집은 홀수와 짝수를 나누어서 홀수 문제를 모두 푼 다음 짝수 문제를 푸는 것도 공부의 효율을 높이는 한 방법이다. 같은 단원의 문제라면 비슷한 내용일 가능성이 많고 한 번에 다 푸는 것보다는 나눠서 풀면 자연스럽게 같은 내용을, 기억 주기를 활용해 반복하게 되니 효과적이다. 당신의 상황에 따라 굳이 짝수 홀수가 아니라 다양한 방법을 생각해 낼 수 있다. 주기적으로 반복만 할 수 있으면 된다.

Q 1 똑똑반복법을 적용하려고 하니 공부 시간이 너무 많이 걸려서 진도 나가기가 힘들다. 진도가 늦더라도 꼭 반복 주기를 따라해야 하는가?

A 공부 초반 3~4개월 정도까지는 암기 안 된 내용이 너무 많아 복습을 하다 보면 진도 빼기가 힘들다. 그럴 때는 진도를 먼저 나가고 남는 시간만큼만 복습하면 된다.

예를 들어 〈행정학〉을 하루 2시간 공부하는데, 기본서 진도 나가는 데만 1시간 30분이 걸린다고 치자. 그러면 먼저 진도 나가고 남은 30분 동안 복습한다. 30분으로는 어제 공부한 부분을 눈으로 훑어본 후 중요한 부분만 한 번 더 적어 보는 수준밖에 안 된다. 그래도 시간이 없으니 그냥 이렇게만 하고 넘어가는 거다.

철저한 반복 학습에 위배되는 게 아닌지 의아해할 수 있겠지만, 그보다는 반복 주기를 살릴 수 있을 때까지는 진도 먼저 나갈 수 있게 절충하는 것이다.

처음에는 전날 복습도 대충 하고 넘어가겠지만 계속 반복해서 모르는 부분을 줄여 나가다 보면 어느 순간 진도와 복습에 시간을 반반씩 투자할 수 있는 시기가 온다. 그럴 때 똑반법을 시도하는 것이다. 그때도 진도 먼저 나가고 복습은 최근 것부터 여력이 되는 만큼만 하면 된다.

처음부터 무리하게 모든 걸 똑반법으로 하지 않아도 된다. 차근차근 적용하면 되니 걱정하지 마라. 처음에는 구멍이 숭숭 뚫리겠지만 갈수록 새어 나가는 지식 없이 모든 내용이 당신 것으로 될 것이다.

Q 2 각 문제마다 1일 후, 1주일 후 복습이 완성되는 시기가 뒤죽박죽인데 어떻게 체크하나?

A 한 단원 문제를 풀면 어떤 문제는 하루만 공부해도 1일 후 복습이 완성되지만 어떤 문제는 8일까지도 걸린다. 문제별로 날짜를 계산해 복습하기에는 너무 복잡하다. 그럴 때는 그 단원 틀린 문제의 80%가 1일 후 복습 완성이 되는 날짜에 7을 더해 1주일 후 복습하는 날로 정하자. 예를 들어 1월 1일에 한 단원을 처음 풀었고 80%의 문제를 1일 후 복습 완성하는 데 3일이 걸렸다고 치자. 그러면 3일에 7

일(1주일)을 더한 1월 10일이 1주일 후 복습하는 날이 되는 것이다.

복습 시간이 유난히 더 걸린 문제는 포스트잇을 붙여 복습해야 할 날짜를 별도로 적어 놓는다. 1월 8일에 1일 후 복습이 완성된 문제에는 포스트잇에 '1/15'라고 1주일 후의 복습 날짜를 붙여 놓고 1월 15일이 되면 복습을 한다. 이렇게 하면 얼추 반복 주기를 맞출 수 있다.

Q 3 1개월 후 복습 체크를 하려고 보니, 다음 회독하는 스케줄과 겹친다. 어떻게 해야 하나?

A 공부 중반부에는 전체 내용을 1주일 후 복습까지 완성하는 데 1개월 정도 걸리는 과목이 있다. 다시 처음부터 공부하면 1개월 후 복습이 되는 셈이라 별도로 1개월 후 복습 표시를 하지 않는다.

공부 후반부에는 기출문제집 전체 내용을 1주일 후 복습 완성하는 데 1개월도 안 걸린다. 이때는 전체 내용 1주일 후 복습 완성한 날짜를 적어 놓고, 그 날짜 1개월 후에 전체 내용 복습을 시작한다. 그 사이 기간에는 기본서를 반복 학습하거나 다른 문제집을 푼다.

Q 4 아는 것도 일정 시간 보지 않으면 왠지 까먹을 것 같아 불안한데 그럴 땐 어떻게 하나?

A 똑반법을 판단 기준으로 삼아 공부한다.

똑반법으로 1주일 후 복습을 완성하면 1개월 뒤에 70% 정도는 기억할 것이고, 1개월 후 복습을 완성하면 최소 2개월은 안 봐도 그 내용을 기억한다. 그렇다면 공부할 때 1개월 후 복습을 완성하고서도 2~3개월 정도 지나면 다시 그 내용을 봐야 한다. 2~3개월 지나는 동안 까먹은 부분은 다시 똑반법으로 공부하는 거다.

쉽게 설명하면 이렇다. 1개월 전에 공부한 것인데 지금 보니 기억이 난다. 만약 시험이 1개월 뒤라면 이때 기억나는 내용은 시험장에서도 생각날 것이다. 그럼 시험장에 갈 때까지 이 부분은 안 봐도 된다. 하지만 이때 기억 안 난 나머지 부분은 똑반법으로 다시 공부해 시험날까지 반드시 머리에 집어넣어야 한다.

공부 분량을 한정해 반복한다

똑반법을 활용하려면 공부 교재가 여기저기 분산되어 있는 것이 아니라 기본서, 기출문제집, 예상문제집 각 한 권씩으로 한정되어 있어야 한다. 한정된 분량을 시험날까지 무한 반복하는 것이다.

학원가의 아침 특강, 공무원 신문 속 문제, 인터넷에서 출력한 문제 등 다양하게 교재를 활용하는 수험생이 있다. 그런데 그 내용을 똑반법으로 철저히 복습하는가? 아니면 그냥 한번 풀어 보고 버리나?

대부분의 수험생은 두세 번 보고 버린다. 그러니 까먹을 수밖에. 자신에게 맞는 다양한 교재를 활용하는 것도 좋지만 하나를 선택했다면 철저히 끝까지 복습해라.

Q 5 한 번 볼 때 제대로 보면 저절로 기억나지 않을까?

A 한 번 보는 정도로는 아무리 제대로 봐도 절대 모든 내용을 다 기억할 수 없다. 이런 말을 하는 수험생은 기억의 종류가 단기 기억과 장기 기억으로 나눠지고, 장기 기억으로 넘어가는 뇌의 원리를 모르는 것이다.

처음 공부하는 내용은 뇌의 단기 기억 저장소인 해마에 임시 저장된다. 해마는 그중 중요한 것만 뇌의 측두엽으로 보내고, 측두엽에서는 그 내용을 장기 기억으로 저장한다. 이때 중요한지 아닌지를 해마는 어떻게 판단할까?

해마에 임시 저장되는 기간은 아무리 길어도 1개월을 넘지 않는데, 이 기간 내에 같은 내용이 반복 입력되면 이것을 중요하고 필요한 것이라 판단한다. 즉, 복습을 할 때는 임시 저장되는 1개월 내에 복습을 해야 효과가 있고, 반복하지 않으면 장기 기억으로 넘어가지 않는다.

합격과 불합격의 차이는 크지 않다

이미현(지방직 일반행정직 공무원)

수험 기간 : 2013년 8월부터 공부 시작
합격 시험 : 2015년 6월 지방직 9급 일반행정직 최종 합격

저는 이번 2015년 지방직 9급에 운 좋게 합격해서 오늘 신체검사를 받고 왔어요. 저도 수험 기간 이 게시판을 통해 많은 도움을 얻었기에 저 또한 조금이나마 도움을 드리고자 글을 남깁니다.

여러분이 생각하시는 수험 기간이 1년이든 2년이든 가장 먼저 시작해야 하는 과목은 국어와 영어입니다. 특히 영어는 빨리 시작하면 할수록 좋은 것 같아요. 쉽게 성적이 오르지 않는 과목이고, 양도 어마어마하게 많고, 시험이 임박해서는 휘발성이 강한 암기 과목에 치중해야만 하는 순간이 오기 때문입니다. 영어 단어 조금씩 + 문법 조금씩 + 독해 접근 방식을 익힌다는 생각으로 시작하시면 될 것 같아요.

영어

단어와 문법은 방도가 없는 것 같아요. 그냥 단순 암기고, 독해는 유형별로 접근하는 게 가장 중요한 것 같습니다. 그리고 시험 전날에 내가 시험 1주일 전에 풀었던 지문 몇 개를 감 유지 차원에서 보는 것

도 많은 도움이 되는 것 같아요! 아예 모르는 지문 말고요. 국어와 영어를 가장 먼저 푸신다면 당일 시험장에 도착해 주어지는 1시간 정도의 여유 시간 중 마지막에 보실 것을 권유드립니다! 단어를 외울 때는 교재가 너무 크고 무거워서 1/2로 복사해서 가지고 다녔는데 눈은 좀 아파도 편했어요. 외워지지 않는 단어는 'UNFORGET'이라는 스마트폰 앱이 있는데 그 앱을 활용하기도 했고요.

국어

이론 강의를 이해하면서 한번 들으셨다면 맞춤법, 표준어, 사자성어 등등 매일 조금씩 분량을 나누어서 암기하고, 암기한 사항을 점검하기 위해 스터디를 하는 방법을 선택했는데 대부분 수험생이 이렇게 하고 있고 저도 이 방법이 잘 맞았어요. 근데 스터디가 안 맞는 아는 동생은 그냥 혼자 강의 듣고 암기하고, 까먹으면 또 강의 듣고 그러더라고요! 정말 다 각자 맞는 방법이 있는 것 같아요.

비문학과 문학은 수능 때의 감각이 살아있었으면 따로 안 했을 텐데 저는 수능 본지 오래된 지라 매일 세 지문씩 감유지 차원에서 기출 문제를 풀었는데, 지방직에서 많이 틀려서 할 말이 없습니다. 이건 제 방법이 틀렸었던 것 같네요.

한국사

이론 강의를 복습하면서 듣기 → 기출 문제 → 요약서 + 모의고사 → 요약서 + 기출 → 요약서 + 기본서 참고 + 기출 + 모의고사 순서로 했었는데, 마지막 방법이 가장 좋았던 것 같아요. 한국사는 정말 100퍼센트 암기 과목인데 기출문제 풀면서 제가 부족한 부분을 체크하고 그 부분만 인강을 녹음해서 독서실 왔다 갔다 할 때, 자기 전에, 화장실에서, 밥 먹으면서, 심심할 때 등등 아무 때나 그냥 들었어요.

한국사 점수가 정체기인 시기가 있었는데 최근 9개년 국가직, 지방직 7, 9급, 법원직, 계리직, 예전 세무직, 소방직, 교육행정직, 경찰직 등등 전 직렬의 한국사 문제를 출력해서 하루에 2~3회씩 풀고 어디에서 함정을 내는지 따로 노트에 정리해서 오답 노트로 활용했는데 이때 점수가 많이 올랐으니 이건 좋은 방법 같습니다. 저는 머리가 좋지 않아서 흐름 이해하는 것도 오래 걸리긴 했는데(특히 30년대 무장 투쟁사 부분은 강의 한 50번 들으니 그제야 이해가 되더라고요) 머리 좋은 분들은 강의 내용을 다 기억할 정도로 금세 기억하시더군요.

행정법

행정법은 2014년엔가 김종석 선생님이 ○× 강의를 했던 것을 누군가 녹음한 파일을 다운로드해 스마트폰에 넣어서 이동 중에 많이 들었어요. 점심 먹고 산책할 때도 들었죠. 하루 종일 혼자 있으니까 선생님 농담 한 마디가 얼마나 웃기던지…….

일단 이론 강의만 3번 들었고요(120강 정도), 기출 강의를 듣고 기출 스터디를 구해서 처음엔 하루에 50쪽씩, 시험 두 달 전쯤엔 80쪽씩, 한 달 전쯤엔 100쪽씩, 이런 식으로 점점 양을 늘리면서 다음에 나오면 맞출 것 같은 지문은 과감히 × 표시하고, 마지막까지 모를 것 같은 건 따로 표시해서 그 부분만 반복하는 식으로 시간을 줄여나갔어요. 이런 식으로 해서 기출문제집을 총 20번은 본 것 같아요. 법은 이해를 바탕으로 한 암기가 왕도 같아요.

사회

사회는 '기본 이론+기출문제+동형모의고사' 조합이 가장 괜찮은 것 같아요. 물론 요약집이 있긴 했지만, 반복하기에는 다소 위험한 과목인 것도 같고요. 차라리 기본서를 보는 게 좋은 것 같아요. 그 외 '사회문화'는 대부분 기초지식이 있어서 쉽게 접근하실 수 있을 거예요. 다만 조금 헷갈리는 이론들 비교 문제와 자료 분석 문제에만 대비하시면 큰 문제는 없어요. '법과정치'는 무조건 암기에요. 표를 분석해서 선거구에 관해 푸는 문제, 또 상속 계산 문제는 빨리 푸는 연습을 해두면 든든합니다! 경제는 항상 나오는 문제가 정해져 있다는 걸 어느 순간 느꼈어요. 기본 이론을 이해하면 대부분 나오는 유형은 정해져 있으니 기출문제에서 틀렸다면 풀이 방법을 꼼꼼히 봐 두면 도움이 많이 될 거예요.

사실 합격과 불합격의 차이는 한 끗 차이인 것 같아요. 다들 정말 열심히 공부하고 실력도 비슷비슷한데 실수하지 않고 마인드컨트롤을 잘 하는 게 정말 중요한 것 같아요. 그리고 물론 지역 운도 중요한 것 같습니다. 저는 평소에 학원 모의고사를 보면 그리 실력자가 아니었지만, 이번에 갑자기 채용 인원이 느는 덕분에 지역 운으로 합격한 것도 있다고 생각해요. 모두들 합격하시는 그날까지 최선을 다하시길 진심으로 응원합니다!

O! BRAIN
Amazing memory

Part 4

기억을 완성하는 연상 암기법

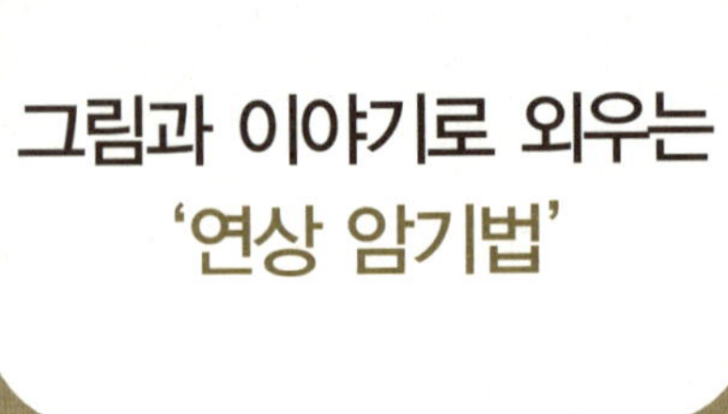

 필자는 처음 공무원 시험 〈국어〉 과목 문제를 접하고 띄어 쓰기까지 외워야 한다는 사실에 경악했었다.

"세상에, 이런 것까지 외워야 한단 말이야?"

외워도 외워도 까먹는 이런 까다로운 공부를 하고 있노라면 꼭 돌에 글씨를 새기는 느낌이었다.

우리는 흔히 지능이 높으면 암기를 잘하고 그 지능은 변하지 않는다고 여긴다. 하지만 최근 연구에 따르면 지능은 고정되어 있지 않고 변화한다고 한다.

운동을 꾸준히 하면 근육이 발달하고 튼튼해지는 것처럼 30세가 지난 어른의 뇌도 훈련에 따라 기억력이 좋아질 수 있다.

또한 정보를 저장하는 효율적 암기법도 기억력을 크게 높여 준다. 여기서는 뇌의 원리를 응용해 최대 효과를 끌어내며 기억을 완성하는 연상 암기법에 대해 알아보기로 하자.

그림으로 만드는 연상 암기법

〈국어〉의 한글맞춤법에는 된소리와 예사소리를 구분하는 문제가 있다.

'강소주, 강술, 구부리다, 곱사등이, 거꾸로, 족두리, 깡다구, 아리따운, 꼽추……'

똑똑반복법으로 4개월 동안 열심히 공부해도 '강소주? 깡소주 아니야? 족두리? 뭔가 이상한데…… 쪽두리 아냐?' 하며 계속 헷갈렸다. 이대로는 안 되겠다 싶어 '좋은 방법 없을까' 라고 고민하던 중 인터넷 합격 수기에서 '연상 암기법' 이라는 것을 알게 되었다. 내가 찾던 바로 그것! 그 뒤로 필자는 헷갈리는 내용은 무조건 연상 암기법을 만들었고, 그 결과 9급 경기도 교육행정직 시험에서 〈국어〉 만점(100점)을 받았다.

연상 암기법은 다음 그림처럼 같은 종류끼리 단어를 묶어서 그림으로 만드는 것이다. 예사소리인 '고깔, 곱슬머리, 곱사등이, 맛보기, 먹장어, 강소주, 거꾸로, 족두리, 족제비, 족집게, 주꾸미, 졸병, 자투리'를 하나로 묶고, 된소리인 '쌍꺼풀, 장딴지, 꼽추, 아리땁다, 태껸, 혼꾸멍나다, 혼쭐나다, 결딴나다, 안쓰럽다' 를 묶어서 한번에 기억할 수 있는 그림과 스토리를 만드는 것이다.

❶ 예사소리 스토리 연상법

① 고깔 쓰고 곱슬머리인 곱사등이 상사는 맛보기로 먹장어를 먹고 있고, 상에는 강소주를 거꾸로 올려놨네요.

② 족두리를 쓰고 족제비 목도리를 한 졸병은 자투리 시간에 족집게로 주꾸미를 먹고 있네요.

❷ 된소리 스토리 연상법

다음은 헷갈리는 된소리를 구분하는 방법이다. 단어를 각각 따로 기억하면 잊어버리기 쉽지만, 이야기로 묶어서 그림과 함께 연상하면 쉽게 암기된다. 문제를 풀 때 '꼽추'와 '곱추' 중 어느 것이 맞는지 헷갈리면 다음의 된소리 꼽추 그림을 딱 떠올려 '쌍꺼풀이 찐한 그 꼽추! 된소리였지? 정답은 꼽추!' 이러면 바로 해결된다.

된소리 스토리 연상법

쌍꺼풀이 진하고 장딴지가 튼실한 노트르담의 꼽추가 아리따운 공주님한
테 잘 보이려고 이크 에크 태껸을 참 열심히 한다. 그런데 시원치 않아 돌
멩이가 날아오는 등 사람들에게 혼꾸멍나고 혼쭐나고 결딴나니 안쓰럽다.

하나씩 외우면 잘 안 외워지다가도 스토리로 만들면 왜 잘 기억될
까? 우리 뇌는 서로 연관된 이야기를 훨씬 쉽게 기억하기 때문이다.
어릴 때 '원숭이 엉덩이는 빨개, 빨가면 사과, 사과는 맛있어, 맛있으
면 바나나, 바나나는 길어. 길면 기차' 라고 이미지를 연상해서 외웠던
가사처럼 서로 연관시켜 외우면 관련 단어가 자동으로 떠오른다. 어떤
사실을 떠올릴 때면 거기에 해당하는 기억 저장 뇌세포가 활성화되는
데, 이 자극에 의해 연관성 있는 다른 뇌세포의 기억도 활성화되기 때
문이다.

기억에 감정의 대못 박기

'꼽추 이야기'로 그림을 연상시키며 암기할 때 감정이입까지 실감 나게 하면 기억이 더 잘 된다.

'아, 저 노트르담 꼽추가 공주에게 잘 보이려 애쓰는 가상한 노력 좀 봐. 이크 에크 태껸, 점점 더 튼실해지는 장딴지! 그럼에도 공주는 본 척도 안 해. 매치 안 되는 느끼한 쌍꺼풀…… 안타깝다.'

왜 이렇게 오버하면서 외울까? 강한 감정을 느꼈을 때 내용이 훨씬 더 오래 남기 때문이다.

당신도 처음 사랑 고백을 받았을 때나, 반 전체 앞에서 선생님께 혼난 기억 등은 지금도 생생할 것이다. 필자 또한 합격 소식을 들은 그날의 기억이 아직까지도 선명하다. 최종 확인을 위해 6시가 되길 기다리면서 쳐다봤던 시계의 색깔, 컴퓨터 자판을 두드리던 느낌, 가족의 표정, 합격 문자를 받았을 때의 뛸 듯한 기분, 문자를 보며 내려왔던 계단의 색, 그 건물의 선선함, 차를 타고 집으로 오면서 느낀 환희와 주변 풍경까지 모두 기억난다.

기억 자체를 만드는 것은 뇌 속의 해마지만, 기억력을 상승시키는 촉매 역할을 하는 것은 뇌 속의 '편도체'다. 감정이 강하면 강할수록 편도체는 해마의 기억 저장 기능을 촉진시킨다. 이런 편도체의 강점을 최대로 활용하기 위해 감정이입할 수 있는 스토리를 만들어 암기하는 것이다.

이야기 만들기법

아래 단계에 따라 차례차례 스토리를 만드는 실전 연습을 해보자.

❶ 내용을 보며 외워야 할 키워드를 간추린다

❷ 키워드를 조합해 생각나는 것을 이리저리 표현해 본다

❸ 생각이 안 나더라도 '생각이 나고 있다. 나의 잠재의식은 꼭 맞는 이야기를 찾아낸다, 찾아낸다, 찾아냈다!' 라는 자기암시를 하면서 이리저리 머리를 굴려 본다

❹ 하나둘씩 이야기를 끼워 맞춰 본다

띄어쓰기 문제는 모두 까다롭지만 특히 단위를 나타내는 접사를 외우는 것이 제일 까다롭다.

버섯 한 죽, 십 원짜리, 10원어치, 천여 명 등…… 같은 '원'인데도 '십 원'은 띄우고, '10원'은 붙인다.

너무 헷갈려 붙이는 단어들끼리 싹 다 모아서 암기법을 만들었다.

❶ 암기 키워드

~여, ~짜리, ~어치, ~가량, 10(아라비아 숫자)원, ~째 : 접미사로 앞의 단어에 붙이는 단어

❷ 암기법 만들기…… 생각의 흐름

① 어치를 보니 여치가 생각난다. 여치로 한번 만들어 볼까?

② 여를 넣어야 하니까 여자 여치로 해서 입술을 빨갛게 립스틱으로 칠해 주자.

③ 십 원은 띄우고, 10원은 붙이고…… 정말 까다로워. 여치한테 10원짜리 딱 붙여서 이건 붙이는 거라고 외우자.

④ '가량' '째'가 남았네. 이건 어떻게 말을 만들지? 그래! 어치 가량(량)이를 그냥 째버려! 째!

이렇게 해서 다음 그림이 완성됐다.

벌의 암수는 '암벌, 수벌'이라 쓰고 고양이도 '암고양이, 수고양이'라고 쓴다. 하지만 양, 염소, 쥐는 '숫양, 숫염소, 숫쥐'라고 쓴다. 어떻게 하면 헷갈리지 않을 수 있을까?

'숫양, 숫염소, 숫쥐' 등 수에 붙는 ㅅ은 수염처럼 생겼다는 걸 연상하면 '숫'이 잘 떠오른다. 양머리, 염소의 뿔, 쥐의 얼굴을 합쳐서 신종 양염소쥐 탄생!

'수'도 마찬가지다. 벌과 고양이를 합쳐서 신종 고양이벌 탄생!

국어에서 '저녁(○) / 저녁(×), 부엌(○) / 부엌(×)' 이런 식으로 명확히 하나만 인정된 표준어를 외우는 건 차라리 쉽다. 그런데 아래와 같이 둘 다 표준어로 인정해 버린 복수 표준어는 정말 헷갈린다. 결국 모두 허용한다는 말이다.

구부리다 〈 꾸부리다 / 덥수룩하다 〈 텁수룩하다 /

후덥지근하다 〈 후텁지근하다 / 들쭉날쭉 – 들쑥날쑥 /

헷갈리다 – 헛갈리다 / 늦장 – 늑장 /

간두다(그만두다) – 관두다(고만두다)

복수 표준어라는 걸 어떻게 기억할 수 있을까? 평범한 사람도 천재로 만들어 주는 연상 암기법으로 낙타 그림을 만든 후 스토리로 엮었다.

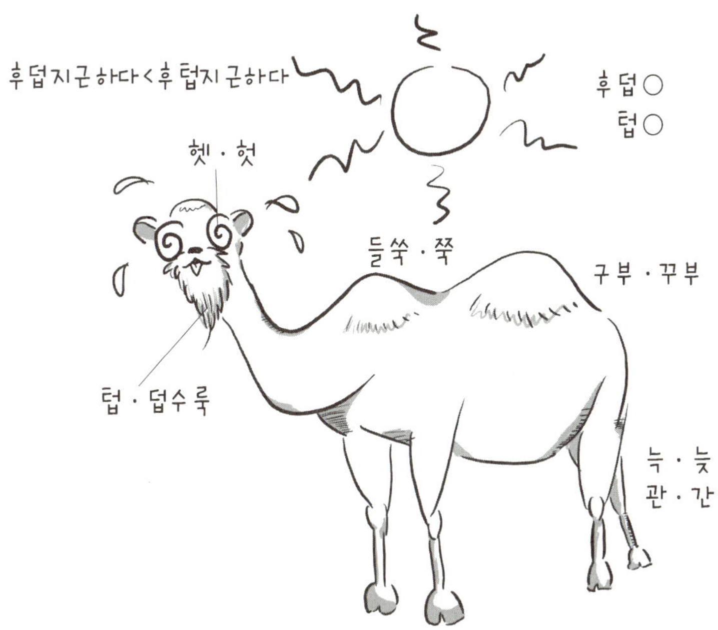

• 복수 표준어 스토리텔링

후덥(텁)지근한 여름날, 낙타가 사막을 걷는다. 수염은 덥(텁)수룩하고, 구(꾸)부러져 있는 낙타봉이 들쭉(쑥)날쭉(쑥)하다. 날이 너무 더워서 눈이 팽팽 헛(헷)갈리고 더위 먹어서 늦(늑)장 부리면서 간다. 그래도 간(그만)/관(고만)두지 않는 게 다행이다.

<한국사>

대표적 암기 과목인 <한국사>는 어떻게 외우는 게 효율적일까?

고려시대 예종의 업적을 예로 들어 살펴보자.

❶ 암기 키워드 뽑기

고려시대 예종 – 도교 심취 및 도교 사원 건립, 양현고, 청연각,
보문각, 관학 7재

❷ 암기법 만들기…… 생각의 흐름

외워야 할 것들을 적고 이리저리 생각을 하다가 예종의 '예'와 관
학 7재의 '7'에서 힌트를 얻어 '예쁜 7공주파'가 생각났다.

① 어? 그럼 공주 그림에다가 외울 걸 연상시켜 볼까?

② 도교 심취했으니까 예쁜 공주가 '도를 아십니까?'라고 묻는 것
　으로 하면 되겠다. 완전 깬다, 깨.

③ 양현고, 청연각, 보문각은 어쩌지? 청색 보석? 그래 공주니까 청
　색 보석을 하면 잘 어울리겠네. 그림에서 귀에 청색 귀걸이를 강
　조하자.

④ 양은……, '양쪽에 청색 보석' 하면 완성!

⑤ 예쁜 7공주 양쪽에 청색 보석 달고, 도를 아십니까?

'다음 중 정보 공개 예외 사항이 아닌 것은?'

이런 문제를 맞히려면 아래 도표의 조항을 다 외워야 한다.

행정 조사 제외 사항	정보 공개 예외 사항
1. 행정 조사를 한다는 사실이나 조사 내용이 공개될 경우 국가의 존립을 위태롭게 하거나 국가의 중대한 이익을 현저히 해칠 우려가 있는 국가안전보장·통일 및 외교에 관한 사항	1. 다른 법률 또는 법률이 위임한 명령에 의하여 비밀 또는 비공개 사항으로 규정된 정보
2. 국방 및 안전에 관한 사항 중 다음 각 목의 어느 하나에 해당하는 사항 가. 군사시설·군사기밀보호 또는 방위 사업에 관한 사항 나. 병역법·향토예비군설치법·민방위기본법·비상대비자원 관리법에 따른 징집·소집·동원 및 훈련에 관한 사항	2. 법인, 단체 또는 개인의 경영, 영업상 비밀에 관한 사항으로서 공개될 경우 법인 등의 정당한 이익을 현저히 해할 우려가 있다고 인정되는 정보
3. 〈공공기관의 정보 공개에 관한 법률〉 제4조 제3항의 정보에 관한 사항	3. 당해 정보에 포함되어 있는 이름, 주민등록번호 등 개인에 관한 사항으로서 공개될 경우 개인의 사생활의 비밀 또는 자유를 침해할 우려가 있는 정보
4. 〈근로기준법〉 제101조에 따른 근로감독관의 직무에 관한 사항	4. 공개될 경우 부동산 투기, 매점 매석 등으로 특정인에게 이익 또는 불이익을 줄 우려가 있다고 인정되는 정보
5. 조세·형사·행형 및 보안 처분에 관한 사항	5. 공개될 경우 국민의 생명, 신체 및 재산의 보호에 현저한 지장을 초래할 우려가 있다고 인정되는 정보
6. 금융감독기관의 감독·검사·조사 및 감리에 관한 사항	6. 국가안전보장·국방·통일 및 외교 관계 등에 관한 사항으로서 공개될 경우 국가의 중대한 이익을 현저히 해할 우려가 있다고 인정되는 정보
7. 독점규제 및 공정거래에 관한 법률, 표시·광고의 공정화에 관한 법률, 하도급거래 공정화에 관한 법률, 가맹사업거래의 공정화에 관한 법률, 방문판매 등에 관한 법률, 전자상거래 등에서의 소비자 보호에 관한 법률, 약관의 규제에 관한 법률 및 할부 거래에 관한 법률에 따른 공정거래위원회의 법률 위반 행위 조사에 관한 사항	7. 진행 중인 재판에 관련된 정보와 범죄의 예방·수사, 공소의 제기 및 유지, 형의 집행·고정·보안 처분에 관한 사항으로서 공개될 경우 그 직무 수행을 현저히 곤란하게 하거나 형사 피고인의 공정한 재판을 받을 권리를 침해한다고 인정할 만한 상당한 이유가 있는 정보
	8. 감사·감독·검사·시험·규제·입찰 계약·기술 개발·인사 관리·의사 결정 과정 또는 내부 검토 과정에 있는 사항 등으로서 공개될 경우 업무의 공정한 수행이나 연구, 개발에 현저한 지장을 초래한다고 인정할 만한 상당한 이유가 있는 정보

　행정 조사 기본법에서 행정 조사 제외 사항, 행정 절차 적용 제외 사항, 정보 공개 예외 사항, 행정상 입법 예고 예외 사항 등 내용이 비슷비슷한데 구분해서 외워야 할 것들이 있다. 무작정 외우려면 힘들지만 아래처럼 구분해서 외우면 쉽다.

● 행정 조사 제외 사항 암기

❶ 도표에서 암기 키워드 뽑아내기

① 행정 조사를 한다는 사실이나 조사 내용이 공개될 경우 국가의 존립을 위태롭게 하거나 국가의 중대한 이익을 현저히 해칠 우려가 있는 국가안전보장 · 통일 및 외교에 관한 사항

② 국방 및 안전에 관한 사항 중 다음 각 목의 어느 하나에 해당하는 사항

　　가. 군사시설 · 군사기밀보호 또는 방위사업에 관한 사항

　　나. 병역법 · 향토예비군설치법 · 민방위기본법 · 비상대비자원 관리법에 따른 징집 · 소집 · 동원 및 훈련에 관한 사항

③ 〈공공기관의 정보 공개에 관한 법률〉 제4조 제3항의 정보에 관한 사항

④ 〈근로기준법〉 제101조에 따른 근로감독관의 직무에 관한 사항

⑤ 조세 · 형사 · 행형 및 보안 처분에 관한 사항

⑥ 금융감독기관의 감독 · 검사 · 조사 및 감리에 관한 사항

⑦ 독점규제 및 공정거래에 관한 법률, 표시 · 광고의 공정화에 관한 법률, 하도급거래 공정화에 관한 법률, 가맹사업거래의 공정

화에 관한 법률, 방문판매 등에 관한 법률, 전자상거래 등에서의
소비자보호에 관한 법률, 약관의 규제에 관한 법률 및 할부거래
에 관한 법률에 따른 공정거래위원회의 법률 위반 행위 조사에
관한 사항

❷ 암기법 만들기…… 생각의 흐름

키워드를 가지고 이리저리 생각해 본다.

통일 어떻게 표현하지? 그래, 분단 국가니까 휴전선 표시하고 통일
을 떠올리자.

① 통일을 해야 하는 우리나라에 징집은 어떻게 하지? 아, 군대 안
   간 사람 징집하지. 방위사업체랑 군사 기밀이랑 엮어 보자.

② 행정 조사를 해보니 군대에 안 간 녀석이 있어서 징집, 동원, 소
   집을 해서 군사시설, 방위사업체에 군사기밀 보호하라고 집어넣
   었다. 근로감독관도 넣어야 하는데…… 그래 이 사람을 정보공개
   센터에 집어넣고 또라이 군인이 공격하는 걸로 이야기를 만들자.

③ 그런데 이놈이 미친놈이라서 공공기관 정보공개센터에다 대포
   를 쏘았다. 그래서 그 안에 있던 근로감독관(근로기준법을 잘 지키
   는)이 다쳤다.

④ 이런 녀석은 국가안전보장, 국방, 통일, 외교에 중대한 영향을
   초래하기 때문에

⑤ 형사가 질질 끌고 감옥에 갔다. 그런데 끌려가던 중 이놈의 주머
   니에서 군사 기밀이 나왔다.

⑥ 행형을 했는데 이놈이 '아버지~~' 하면서 도움을 청한다. 공정
  거래위원회랑 금융감독기관은 어쩌지?…… 그래 두 문자 따서
  '공금' 하면 되겠다.
⑦ 이놈 아버지가 퉤~침을 뱉으면서 나타났는데 그 아비에 그 자식
  이라고 '공금' 을 횡령한 의혹이 있어서 조세를 왕창 부과해 버
  렸다(공금은…… '공' 정거래위원회의 법률 위반 행위 조사에 관한 사
  항, '금' 융감독기관의 감독, 검사, 조사 및 감리에 관한 사항의 약자).

이런 이야기가 단박에 나오는 것은 아니다. 하지만, 이리저리 고민
하고 상상력을 발휘해 짜맞추다 보면 스토리가 조금씩 완성되어 간다.
당신도 언제든 연상 스토리를 만들 수 있다.

• 정보 공개 예외 사항
이것도 마찬가지다. 우선 암기해야 할 사항의 주요 키워드를 뽑아
낸다.

❶ 도표에서 암기 키워드 뽑아내기
① 다른 법률 또는 법률이 위임한 명령에 의하여 비밀 또는 비공개
  사항으로 규정된 정보
② 법인, 단체 또는 개인의 경영, 영업상 비밀에 관한 사항으로서
  공개될 경우 법인 등의 정당한 이익을 현저히 해할 우려가 있다
  고 인정되는 정보
③ 당해 정보에 포함되어 있는 이름, 주민등록번호 등 개인에 관한

사항으로서 공개될 경우 개인의 사생활의 비밀 또는 자유를 침
해할 우려가 있는 정보

④ 공개될 경우 부동산 투기, 매점 매석 등으로 특정인에게 이익 또
는 불이익을 줄 우려가 있다고 인정되는 정보

⑤ 공개될 경우 국민의 생명, 신체 및 재산의 보호에 현저한 지장을
초래할 우려가 있다고 인정되는 정보

⑥ 국가안전보장 · 국방 · 통일 및 외교 관계 등에 관한 사항으로서
공개될 경우 국가의 중대한 이익을 현저히 해할 우려가 있다고
인정되는 정보

⑦ 진행 중인 재판에 관련된 정보와 범죄의 예방 · 수사 · 공소의 제
기 및 유지 · 형의 집행 · 고정 · 보안 처분에 관한 사항으로서 공
개될 경우 그 직무 수행을 현저히 곤란하게 하거나 형사 피고인
의 공정한 재판을 받을 권리를 침해한다고 인정할 만한 상당한
이유가 있는 정보

⑧ 감사 · 감독 · 검사 · 시험 · 규제 · 입찰 계약 · 기술 개발 · 인사
관리 · 의사 결정 과정 또는 내부 검토 과정에 있는 사항 등으로
서 공개될 경우 업무의 공정한 수행이나 연구 · 개발에 현저한
지장을 초래한다고 인정할 만한 상당한 이유가 있는 정보

❷ 암기법 만들기…… 생각의 흐름

① 국가 안전 보장이 중요하고, 외교도 하고 통일도 해야 하는 우리
나라의 국방에 위험이 생겼다.

② 이런 판국에 서울에서 강부자가 부동산 투기와 매점 매석을 했다.

③ 이것은 강부자에게는 특정인 이익이고 서민에게는 불이익이다.

④ 그래서 국민들이 이 위험 상황에 투기와 매점 매석하는 강부자 정보 공개하라고 요구했다.

⑤ 하지만 정보 공개 예외 사항이라고 거절당했다.

⑥ 이에 정의로운 '홍길동' 이 나타나서 생명과 신체에 위협을 가해 재산을 빼앗아 나눠 줬다.

⑦ 경영 및 영업상 비밀까지도 밝혀냈다.

⑧ 그러나 홍길동은 법률에 의해 범죄로 수사, 공소 받았고 재판 진행 중에 결국 형집행 당했다. 공정한 재판이 아니었다.

⑨ 아버지의 억울함을 본 홍길동 주니어는 먼 훗날을 기약하며 '연구·개발'과 업무의 공정한 수행을 했다.

• 예외적 행정심판전치주의

예외적 행정심판전치주의가 적용되는 건 다음과 같다.

'조세소송, 공무원 징계처분, 교원 징계처분, 노동위원회결정, 운전면허의 취소·정치 처분, 토지거래불허가처분, 사용료·수수료·분담금의 부과·징수처분, 징발보상금지급결정' 등등…… 처음에는 첫머리 글자로 외우려 했지만, 두(頭) 문자라 해도 별로 연관성이 없어서 잘 안 외워지겠다 싶어 전체를 서로 연결해서 이야기를 만들었다.

❶ 암기 키워드 뽑기

조세소송, 공무원 징계처분, 교원 징계처분, 노동위원회결정, 운전면허의 취소 · 정지 처분, 토지거래불허가처분, 사용료 · 수수료 · 분담금의 부과 · 징수처분, 징발보상금지급결정

❷ 이야기 만들기

다시 한 번 강조하지만 연상 암기법을 만들 때 단번에 이야기가 만들어지진 않는다. '이렇게 할까? 저렇게 할까?' 고민하는 과정을 누구나 겪는다. 잠시만 여유를 갖고 상상의 나래를 펼치면 자신만의 이야기가 떠오를 것이다.

❸ 완성 이야기

공무원과 교사가 결혼을 했습니다. 노동자인 친구가 부러워합니다. 해외로 신혼여행을 다녀왔는데 세관에서 세금을 내고 들어왔습니다. 그런데 세금이 너무 많아 조세소송을 했습니다.

신혼집을 알아보러 다니는데 술 먹고 운전해서 운전면허 취소되고 정지 처분되었습니다. 괜찮은 땅이 있어서 토지거래를 신청했는데 불허가 났습니다. 또 소송을 했습니다.

소송을 자주 하는 부부를 괘씸하게 여긴 관청이 사용료, 수수료, 분담금을 왕창 매기고 남편은 징발해 갔습니다.

이 외에도 행정 절차 적용 제외 사항, 정보 공개 예외 사항, 행정상

입법 예고 예외, 행정 예고 원칙 관련 암기법이 있는데, 더 자세한 연상 암기법과 그에 따른 그림은 필자가 운영하는 블로그(blog.daum.net/lovespring - 합격발표날)에 있으니 참고하도록 하자.

처음에 연상 암기법을 적용하다 보면, 억지스럽고 유치하게 느껴지기도 한다. 하지만 이것도 훈련이므로 익숙해지면 결국 당신의 암기력에 날개를 달아줄 것이다.

〈국어〉

연상 암기법이 최고의 효과를 발휘하는 과목은 〈국어〉의 어문 규정 관련 부분이다. 외래어 표기 부분의 '가톨릭(Catholic)'을 외울 때 평상시에 카톨릭(×)이 더 익숙하기 때문에 그냥 외우면 헷갈린다. 그런데 이걸 '우리 집 가장이 믿는 가톨릭'으로 연관해서 몇 번 반복하면 확실하게 각인된다. 이 같은 예시를 몇 가지만 더 들어 보자.

boycott – '보이코트 / 보이콧' 중 어느 것이 바른 표기일까?

정답은 보이코트(×)가 아니고 보이콧(○)이다.

뭔가 보이콧이 어색해 자꾸 보이코트랑 헷갈렸다. 그래서 그림을 그려 외웠다.

❶ 보이콧하는 남자 코에서 바람이 식식~

외우면서 실제 보이콧하는 걸 상상하면서 코에서 바람도 한번 식식 내보면 머리에 팍팍 입력되지 않을까? 이런 원리로 다른 것들도 옆의 그림처럼 만들어 볼 수 있다. 아래 내용도 이야기로 만들어 외운다.

• chimpanzee – 침팬치(×), 침팬지(○): 침팬지 지랄한다

• Vancouver – 벤쿠버(×), 밴쿠버(○): 배가 많아 밴쿠버

• 구태어(×), 구태여(○): 구태여 여자를 울리냐?

• 가즈런한(×), 가지런한(○): 가지런한 이 (같은 'I' 모음 사용)

• 겉절이(○), 겉저리(×): 겉절이 절라 맛있어

• 갈랫길(×), 갈림길(○) : 갈림길로 떠나는 임아~

• 가자미(○), 가재미(×) : 앗싸~ 가자미 잡았다

boycott - 보이콧(코트 x)

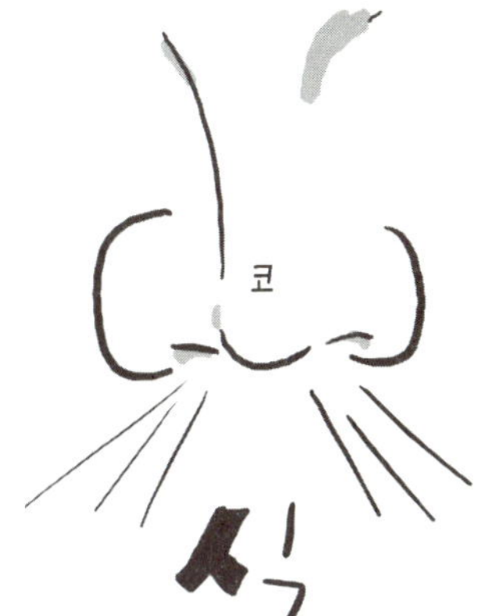

컨테이너 박스 안에
에어컨과 리모컨(콘 x)

리모컨으로 컨트롤합니다

레인보(※), 윈도(※), 스노(※), 옐로(※)
- 윈도 밖으로 옐로 레인보와 스노

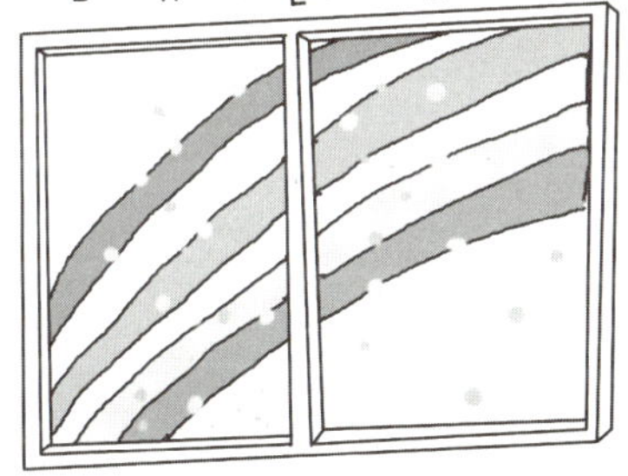

손가락에 털이
디지털(탈 x)

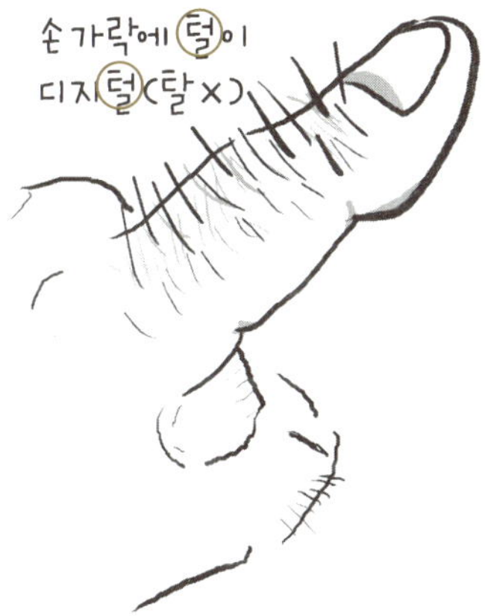

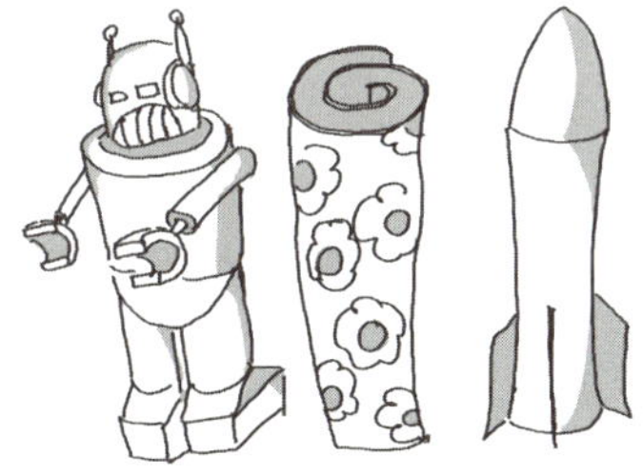

로봇, 카펫, 로켓:
세울 수 있는 건 단음(로보트, 카페트, 로케트-x)
ᄉ→ 세울 수 있는 것 (ᄉ) 처리!

❷ 사이시옷 원칙 외우기

'ㄱ, ㄷ, ㅂ, ㅅ, ㅈ'으로 시작하는 단어 앞에 사이시옷이 올 때에는
이들 자음만을 된소리로 발음하는 것을 원칙으로 하되, 사이시옷을 ㄷ
으로 발음하는 것도 허용한다.

- 냇가[내:까/낻 :까], 빨랫돌[빨래똘/빨랟똘], 깃발[기빨/긷빨], 햇살[해
  쌀/핻쌀]

이걸 어떻게 외울까? 'ㄱㄷㅂㅅㅈ'을 활용해 말을 만들었다.
'바지 다 사가.' 이렇게 문장으로 외웠다.

본질적 가치: 정의, 공익, 복지, 형평, 자유, 평등

〈행정학〉에서 본질적 가치는 위 6가지를 외워야 한다. 단어 첫글자
를 따서 '정공복형자평'으로 외우더라도 쉽게 외울 수 있을 것 같진
않다. 어떻게 하면 좀 더 쉽게 외울 수 있을까? 서로 말이 되는 게 있
는지 글자 배열을 이리저리 바꿔 보자.

'공자 정복 형평' 이게 개중 가장 괜찮은 것 같다. 여기에 이야기를
만들어 붙인다.

→ '공자가 정복했더니 형평한 사회가 되었다.'

지방세목 체계

구 분			시 · 군세	특별시 · 광역시세	자치구세
지방세	보통세	취득세, 등록면허세, 레저세, 지방소비세	주민세, 재산세, 자동차세, 담배소비세, 지방소득세	취득세, 주민세, 자동차세, 담배소비세, 레저세, 지방소비세, 지방소득세	등록면허세, 재산세
	목적세	지방교육세, 지역자원시설세		지방교육세, 지역자원시설세	
국세	내국세	직접세	소득세, 법인세, 상속증여세, 종합부동산세		
		간접세	부가가치세, 개별소비세, 주세, 인지세, 증권거래세		
	목 적 세		교통 · 에너지 · 환경세, 교육세, 농어촌특별세		
	관 세				

〈지방세목 체계〉는 끼워 넣기 식으로 외워도 사실 잘 안 외워지고, 그렇다고 포기하자니 찜찜하다. 이런 건 연상 암기법을 적용해야 하는 데 특별시 · 광역시세를 예로 들어 한번 만들어 보자.

취득세, 주민세, 자동차세, 담배소비세, 레저세, 지방소비세, 지방소득세

단순히 앞글자 따서 '취주자담레지지'로 하면 잘 안 외워진다. 또 '지'로 하자니 지방교육세, 지방소비세, 지방소득세가 구분이 안 되니, 정확히 구분하기 위해서 지방소비세는 '지비'로, 지방소득세는 '지득'으로 해야 한다.

자, 그럼 앞글자를 서로 엮어서 스토리를 만들어 보자. 일단 자주? 취지? 취(지)득? 주자? 생각나는 대로 모두 적어 본다. '레'가 들어가

는 게 뭐가 있을까? 레저? 레즈비언?

레즈비언이 좀 특이한 단어이니 더 기억에 남을 것 같다.

레지(즈)비언한테 주자. 뭘 줄까? 술 주지 뭐. '취'가 들어가야 하니까 취하게로 꾸미고…….

지득은…… 지득한 사실? 레즈비언과 연결하기가 별로다. 비슷한 지독으로 바꿔서 '지득'을 연상하면 되겠네.

이런 생각의 흐름에 따라 아래 특별시 · 광역시세 암기 문장을 만들었다.

→ 특별광역시 사는 지독한 레즈비언 취하게 술 담아주자[5]

행정상의 강제 징수 부분에서 독촉장에 의한 가산금은 3/100, 과태료 가산금은 5/100, 중가산금은 12/1000이다. 이런 것들을 아무리 반복해서 외워도 자꾸 헷갈린다. 어떻게 외우면 좋을까?

가산금은 중간에 '산'이라는 글이 있고 '산'에서 '삼'을 연상할 수 있다.

가산금 → 가삼금 → 3/100

---

5) 레즈비언에 대한 비하는 전혀 아니니 오해 없기 바란다.

과태료를 길게 발음하면 '과태료오~'다. 그래서 5/100.

국회인사청문특별위원회에서 인사 청문하는 자와 소관상임위원회에서 인사 청문하는 자를 구분해야 한다.

- 국회 동의를 받은 자: 대법원장, 헌법재판소장, 국무총리, 감사원장, 대법관

앞글자를 따서 '국회 동의를 받은 자'는 '헌총대장' '동의' '감사'로 만들었다. 단어의 첫글자를 땄는데 대법관과 대법원장이 겹치기 때문에 대법원 '장'의 '장'을 선택했다.

→ 헌총대장님 동의해 주셔서 감사해요

- 소관상임위원회에서 인사 청문하는 자: 국무위원, 방송통신위원회위원장, 국가정보원장, 국세청장, 검찰총장, 경찰청장, 합동참모의장

'소관상임위원회에서 인사 청문하는 자'에서는 '국방' '경찰' '점검합세'를 뽑았다. 이것으로 이야기를 만들어 보자.

→ 국방의 의무를 다하면서 자꾸 방구 뿡뿡 뀌는 경찰 뭔가 수상하
  다. 점검합세~.

• 직무감찰이 제외되는 공무원: 국회, 법원 및 헌법재판소에 소속
  된 공무원
☞ 국, 법, 헌 앞글자를 따서 어떤 이야기를 만들 수 있을까?

헌국법? 국헌법? 헌법국? 그나마 '헌법국'이 제일 쉬운 단어 같다.
→ 헌법을 너무너무 잘 지키는 헌법국 사람들은 직무감찰이 필요
  없어요~.

이렇게 내용과 연관성 있게 단순 연결해 이야기를 만들면 생소한
내용도 효율적으로 외울 수 있다.

〈헌법〉 시험을 2개월 남겨 놓고 새로 시작해서 공부에 몰두하고 있는데, 강적이 나타났다. 2권의 통치 구조론에 나오는 그 많은 외울 것들! 암기법이 아니었으면 합격은 생각지도 못했을 것이다.

국회 인사청문회 부분에서는 기간까지 외워야 한다.

국회에 회부된 날로부터 20일 이내에, 인사청문회나 위원회에 회부된 날로부터 15일 이내, 인사청문회 기간은 3일 이내로 한다.

대체 이 많은 숫자를 어떻게 외우지? 무턱대로 외웠다가는 수많은 숫자들끼리 뒤죽박죽 섞여서 시험장에 들어간 순간 모두 헷갈릴 것이 뻔했다. 이때 착안한 '숫자 변환법'이 필자를 합격으로 이끌었다.

다음과 같이 도표를 만들어 각 자음과 모음에 숫자를 붙인다.

ㄱ/ㅋ	ㄴ	ㄷ/ㅌ	ㄹ	ㅁ	ㅂ/ㅍ	ㅅ	ㅇ/ㅎ	ㅈ	ㅊ
1	2	3	4	5	6	7	8	9	0
아	야	어	여	오	요	우	유	으	이

국회에 회부된 날로부터 20일 이내에, 인사청문회나 위원회에 회부된 날로부터 15일 이내, 인사청문회 기간은 3일 이내로 한다.

여기에서 외워야 할 숫자는 20, 15, 3이다.

각 숫자에 해당하는 자음을 찾는다.

2	0	1	5	3
ㄴ	ㅊ	ㄱ	ㅁ	ㄷ

이 자음이 들어간 여러 가지 단어를 연습장에 죽 적어 본다. 다양하면서도 가장 적합한 단어를 찾기 위해 《국어사전》을 옆에 펼쳐 놓고 적어도 좋다.

내가 생각한 것은 '농촌근무도' 였다. 인사청문회에서 '증인은 농촌근무도 가능합니까?' 라며 호통 치는 모습을 상상하면서 말이다.

이런 식으로 숫자를 단어로 변환해 각인시켰다.

연상 암기법은 꼭 필요한 것만 만들자

퀴즈법이나 똑똑반복법으로 쉽게 외워지는 것들은 연상 암기법을 따로 만들 필요가 없다. 과도하게 많이 만들면 오히려 '단어 + 연상법' 까지 외워야 하는 이중고가 생길 수도 있기 때문이다. 자꾸 헷갈리는 까다로운 것들만 엄선해 연상 암기법을 만든다.

소리 내고 움직이면서 공부하기

암기할 건 많은데 시간이 촉박할 때 시간을 두 배로 쓰고 싶다면? 입으로 소리 내고, 손으로 쓰고, 몸을 움직이는 등 오감을 자극하며 공부하자. 한 학습 실험에서 가만히 앉아서 외운 학생 집단보다 팔을 움직이면서 외운 학생 집단이 기억을 더 잘했다는 연구 결과도 있다.

필자도 시험은 1개월밖에 안 남았는데, 문제집 풀이를 하면 절반이나 틀려 절박할 때 시도했다. 시험 전까지 다 외워야 한다는 강박에 복도에서 몸을 움직이면서 크게 소리 내어 외웠다.

캐나다의 신경외과 의사 팬필드가 처음 제시한, 아래의 '팬필드의 소인간' 이미지는 뇌 신경세포 비율을 몸의 각 부위에 적용시켜 면적으로 나타낸 그림이다.

손과 입에 상당히 많은 세포가 분포되어 있다는 걸 알 수 있다. 그래서 손으로 쓰고 입으로 소리 내면 서로 연결되어 있는 뇌 신경세포가 자극을 받아 훨씬 잘 외워지는 것이다.

팬필드의 소인간

어떤 수험생은 조급하고 어색한 마음에 연상 암기법을 활용하지 않는다. '안 그래도 시간 없는데 그걸 언제 만들고 있어?' 빙고! 그러나 시간이 없기 때문에 더 만들어야 하는 것이다. 그런 수험생들에게 이런 이야기를 들려주고 싶다.

링컨이 길을 가다가 쉬지도 않고 땀을 뻘뻘 흘리면서 나무를 패고 있는 사람을 봤다. 링컨은 도끼날이 뭉툭해 보여 물었다.

"날을 갈면 나무를 더 잘 벨 수 있을 텐데요?"

그러자 나무꾼은 무뚝뚝하게 대답했다.

"안 그래도 시간 없고 부족한데 날을 갈 시간이 어디 있소?"

후에 링컨은 '내게 나무를 벨 수 있는 시간이 주어진다면, 80%의 노력을 도끼를 날카롭게 하는 데 쓰고, 20%의 노력을 나무를 베는 데 쓰겠다' 라고 말했다고 한다.

혹시 당신도 도끼날은 날카롭게 하지 않고 무작정 열심히 나무만 패고 있지 않은가? 그러면서 나무 베는 게 너무 힘들다느니, 뭐 이따위 나무를 베라고 하냐느니, 난 더 이상 못하겠다느니 온갖 불평을 하고 있지 않은가?

암기법을 만드느라 소요된 몇 분의 시간이 '슈퍼 기억력' 으로 전환돼, 앞으로 당신의 공부 시간을 획기적으로 단축시켜 줄 것이다.

시험공부의 기본은 기출이다

이정운(가명, 전산직 군무원)

수험 기간 : 2015년 3월부터 공부 시작
합격 시험 : 2015년 9월 육군 군무원 전산직 7급 최종 합격

저는 전산학 전공자이고, 이것에 염두를 둔 공부를 했기에 비전공자 분들은 제 수기와 거리가 멀 것이라고 생각합니다. 짧은 시간 전공을 최대한 끌어올릴 수 있는 방향으로 공부했고 그러한 방법을 기초로 수기를 작성하겠습니다.

15년 3월 초에 시작하여 지안 패스는 3월 중순에 구매했고, 그 해 7월 필기에 합격했습니다. 학부 4년 1학기(18학점)와 병행했었기 때문에 매우 적은 공부 시간이었지만 최대한 노력하여 '하나라도 붙자'라는 일념 하에 집중했습니다. 결국 9급 전국, 지방, 7급 전국 다 떨어지고 하나 붙었네요.

공통과목(7급 지안패스)

공무원 시험의 공통과목에 대해서 아는 것이 하나도 없어 최대한 빠르게 기본 강의를 다 들었습니다. 지안패스의 오경미 선생님, 임찬호 선생님, 최종수 선생님의 강의입니다. 강의는 2배속으로 배운다는

기분보다는 전체적으로 어떤 것들이 있는지 훑어보는 기분으로 시청했습니다. 이후 9급, 7급 외에 사회복지, 계리직, 법원 등 모든 공무원 직렬의 공통과목 기출을 모아서 계속 풀고 비슷한 유형들을 모아봤습니다. 어느 순간 겹쳐서 매번 나오는 것들이 보이고, 한 번 나오면 절대 나오지 않을 문제들도 구분이 되었습니다. 이하 자세한 사항은 과목별로 설명하겠습니다.

국어(오경미 선생님)

수능의 형식을 생각했으나 문법의 비율이 너무 높아서 놀랬었습니다. 먼저 독해 유형의 문제는 무조건 다 맞춘다는 생각으로 꼼꼼히 풀었고, 한문은 완전히 버렸습니다. 문법은 위에서 언급했듯이 기출을 모았을 때 빈도가 높았던 것들만 숙지되도록 공부했습니다. 오경미 선생님 교재 중 소책자에서 출제 빈도가 높은 기출문제들을 찾아 단권화 시켰습니다.

한국사(임찬호 선생님)

이과 출신에 공대라 한국사에 대해서 너무 무지했습니다. 너무 많은 양에 어디서부터 손대야 할지도 모르겠고, 남들은 한국사가 전략 과목이고…… 그래서 무작정 강의를 들으며 시작했습니다. 먼저 임찬호 선생님의 기본 강의로 전체 범위의 흐름을 보려고 했습니다. 하지만 실패했고(물론 한 번밖에 안 봤기 때문에, 거기에 2배속이라) 기본 강의 이후로 한국사를 단기에 끝내려면 흐름을 잡으려는 노력은 소용없겠다고 생각했습니다. 그래서 전체의 기출에서 2번 이상 나온 것만 외우기로 했습니다. 임찬호 선생님의 강의에 나오는 암기 비법들과 제가 고심해서 만든 것들의 정리만으로 무장했습니다.

영어(최종수 선생님)

군무원은 토익으로 영어 과목을 대체합니다. 군무원을 목표로 공부하지 않았기에 강의를 듣고 수험 기간 중 토익도 응시했습니다. 영어는 전산 직렬 모두가 못하는 과목이라고 생각했기에 제일 편하게 공부했습니다. 과락만 면하자는 기분으로 최종수 선생님의 독해 센스만 따라해보려고 노력했습니다. 제일 가벼운 마음으로 들었지만 가장 이득을 많이 본 강의였던 것 같습니다. 매 기출에서 두세 문제는 강의에서 배웠던 간단한 센스로 빠르게 풀어낼 수 있었습니다. 문법은 수능 준비 때부터 이어온 꺼져가는 문법 불씨에 의존했습니다. 최종수 선생님의 강의 열정은 스크린 너머로도 뿜어져 나오기에 공부 기간 동안 좋은 기운을 받는 기분이었습니다.

수험 기간 분배

군무원이 목표가 아니었기에 공통과목 3과목, 전공 4과목, 총 7과목을 공부했습니다. 지안 패스로 수강할 수 있는 과목 수가 너무 어마어마했고, 위에서 언급한 기출 문제 풀이와 분류에도 상당한 시간이 소비됐습니다. 강의는 기본 강의와 기출 강의에 중점을 뒀습니다. 기본 강의는 2배속으로 들을 경우 하루에 20개를 10시간이 채 안 되는 시간에 들을 수 있습니다. 집중력의 한계가 있어서 중간 중간 놓치는 부분이 많지만, 학문을 공부하는 것이 아니라 시험을 대비하는 것이기 때문에 전체 흐름을 보는 데에 집중하고 놓친 부분에 미련을 갖지 않고 넘어갔습니다. 기출 강의의 경우 전부 수강하지 않았습니다. 기출은 어차피 직접 풀어야한다고 생각했기에 직접 다 풀고 필요한 부분의 기출 강의만 골라서 들었습니다. 이렇게 기본 강의를 전부 수강하는 데 총 수험 기간 네 달 중 한 달 정도를 소비했고, 기출 강의 수강과 풀이에 두 달 정도 보냈습니다. 남은 한 달은 부족한 부분과 자주 틀리는 영역을 잡는 데 노력했습니다.

결과

군무원 7급은 다른 전산직 시험에 비해 커트라인이 많이 낮습니다. 총 3명 모집, 필기 5명 합격, 지원 60명 이상이었으니까요. 저의 수험 준비 내용들 중 일반적인 수험생들의 공시 준비에 도움이 되는 부분은 크게 없을 수도 있습니다. 하지만 딱 하나! 이 수기를 통해 기출의 중요성만은 꼭 인지하셔서 짧은 수험 기간으로 원하는 결과를 얻으실 수 있길 바랍니다.

O! BRAIn

Ideal roadmap

Part **5**

합격뇌,
단기 합격 로드맵

합격생 스타일 vs 장수생 스타일

공부 시작한 지 한 달 된 S양, 의욕은 가득하지만 어떻게 공부해야 할지 몰라 불안하다. 코칭 중 S양에게 공부 계획은 세웠는지 물어보면 '아니요, 그냥 막연히 하면 되겠지라는 생각으로 종합반부터 끊어서 깊게 생각하진 못했어요' 라고 답한다. 그제야 가장 기본적인 걸 고민하지 않았다는 사실을 깨닫곤 화들짝 놀랐다. 반면 K양은 계획을 세우긴 했지만 무리한 일정 때문에 항상 쫓기듯 살다, 이제는 아예 포기하고 계획조차 세우지 않는다.

계획이 없다는 건 실패를 준비하는 것이나 마찬가지다. 당신은 어떤 계획을 세우고 있는가? 모든 단기 합격생은 시험 당일 공부가 완성되는 계획을 세운 후 본인에 맞게 수정하며 나아간다. 다음의 단기 합격생과 장수생의 특징을 비교한 표를 보면서 스스로를 진단해 보자.

당신은 단기 합격생과 장수생 중 어디에 가까운가?

no	단기 합격생	O× 체크	장수생	O× 체크
①	끝을 예상하며 시험 당일 합격할 수 있게 공부 계획을 짠다		1주일, 1개월 앞만 내다보는 근시안적 계획이라 시험 당일 실력이 어느 수준일지 가늠할 수 없다	
②	중요한 것부터 공부하고 세세한 건 차츰 채워 나간다		공부의 경중 없이 마구잡이로 공부하다 정작 중요한 것을 놓친다	
③	본인이 필요한 강의만 듣는다		무작정 종합반부터 끊고 본다	
④	오늘 무엇을 공부할지 정해진 계획대로 착착 진행한다		당일 아침 공부 시작하면서 뭘 공부할지를 정한다	
⑤	목표와 분량 위주로 계획을 세운다 예) 행정학 30쪽		시간 중심으로 계획을 세운다 예) 행정학 2시간	
⑥	공부 원칙을 바탕으로 본인 페이스를 유지한다		계획과 원칙 없이 이리저리 '카더라 통신'에 휩쓸린다	
⑦	최소 노력으로 최고 효율이 나오는 복습 주기를 살린 계획을 짠다		최대 노력으로 최소 효율이 나오는 복습 주기로 계획을 짠다	
⑧	자신의 학습 정도를 체크할 수 있다		자신의 학습 정도를 체크할 수 없다	
⑨	계획을 흐름에 맞게 수정할 수 있다		계획이 틀어지면 당황하고 수정할 줄 모른다	
⑩	계획을 세우고 철저하게 지킨다		어차피 어길 계획 처음부터 안 세운다	
⑪	성공할 계획만 세운다(본인이 지킬 수 있는 현실적 분량)		실패할 계획만 세운다(본인이 지키기 힘든 분량 ☞ 자포자기로 이어짐)	
⑫	공부를 하면 할수록 공부 분량이 줄어들어 시험 전날에는 전체를 다 훑고 시험장에 들어간다		공부를 하면 할수록 공부할 것 투성이라 공부량을 전혀 줄이지 못한 채 시험 전날까지 허덕인다	

당신이 앞의 표에서처럼 장수생 ①∼⑦번 증상을 보인다면 공부 계획부터 새로 짜야 하고, 장수생 ⑧∼⑫번 증상을 보인다면 계획 수정 방법을 익혀야 한다.

공무원 시험에 대해 제대로 파악하지 못하고 학교 다닐 때 중간·기말 시험 단타 준비했던 것처럼 공부하면 장수생의 길을 걷게 된다. 이번 장에서는 그를 방지하기 위한 공무원 공부 계획 단계부터 알아본다. 이를 토대로 자신에 맞게 계획을 짜고 수정하는 방법을 익히게 될 것이다.

공부량을 줄여 가는 '합격뇌' 5단계 스케줄

아는 것과 모르는 것을 구분하고, 모르는 것을 반복 암기해 공부량을 줄여 가는 것이 합격하는 비법이라 누차 강조했다. 흔히 계획을 시간에 따른 과목의 나열쯤으로 생각하기 쉬운데, 단계적·체계적으로 공부할 수 있도록 안내하는 것이 계획이다. 따라서 계획에는 단순한 과목과 시간의 나열 이상으로 합격률을 높이는 공부 단계가 녹아 있어야 한다. 합격뇌를 만드는 공부 단계는 다음과 같다.

합격뇌 공부 단계

no	단계	학습 전략	단계 시작 성적 기준
1	이해독	이해하기 위해 책을 정독(필요할 경우 강의 병행) – 기출문제를 본문에 표시해 공부 포인트 잡기	처음 공부 시작
2	암기독	기본서의 내용을 퀴즈로 만들어, 아는 것과 모르는 것을 구분하면서 중요한 것부터 세세한 부분까지 단계별로 암기 – 기본서에 포함된 기출문제 철저히 암기	이해가 된 상태
3	기출문제집 풀이	단원별 기출문제 풀이 – 틀린 문제 기본서 내용 찾아보기	모의고사 60~70점 정도
4	예상문제집 풀이	전범위 예상문제를 통해 시험 적용성 높이기 – 기본서와 기출문제 복습을 주기적으로 병행	모의고사 80점 정도
5	시험 전 총정리	공부 총정리 – 시험 불안 관리(마인드 컨트롤, 실수 방지 전략 등)	모의고사 80점 이상 합격 안정권

수험 시작부터 시험 당일까지 전체 과정이 머릿속에 '아, 이렇게만 하면 합격할 수 있겠다'는 느낌이 올 때까지 계획을 세운다. 당신이 가는 길 모퉁이마다 무엇이 있을지는 알 수 없지만, 시작과 끝은 명확하게 그릴 수 있어야 한다.

이 작업은 건축의 기초를 세우는 일이다. 높이 올릴 건물일수록 땅을 깊게 파는 법이다. 이제 당신의 합격을 위해 기초 공사를 시작해 보자.

단계 안내

이해하기 위해 책을 1~3회독(필요할 경우 강의 병행), 기출문제 표시로 중요한 부분 파악

성공 포인트

- 1회독 할 때 기출문제를 본문에 표시해 공부 포인트 잡기
- 1회독부터 모두 알아야 한다는 부담 없이 알면 아는 대로 모르면 모르는 대로 읽기
- 이해는 암기의 전초전, 내용을 너무 모르면 암기도 할 수 없으니 암기할 수 있을 정도로만 이해하면 충분, 기본서 외 다른 자료를 찾아보면서 공부 범위 넓히지 않기

- 처음 공부를 시작해 기출문제집 풀이 시 0~40점 정도 나옴

- 책을 읽으면 90% 정도 이해가 되고 생소한 용어에 익숙해진 상태

- 하루 2~3시간 공부 시 1~2개월 정도, 하루 6시간 공부 시 12일 ~24일 정도 걸림
- 〈한국사〉처럼 중·고등학교 때 배운 과목은 1회독으로 이해가 되겠지만, 〈행정학〉처럼 처음 접하는 과목(전공자가 아닌 경우)은 3회독 정도 필요

이해독 계획 짜기

시험 경향 파악 → 1회독하면서 기출문제 기본서 내용에 표시 → 필요한 경우 2~3회독

❶ 시험 경향 파악하기: 최근 기출문제 확인 + 과목 오리엔테이션 듣기

시험 경향 파악을 위한 최고의 방법은 최근 2, 3년 내에 출제된 기출문제집을 확인하는 일이다. 공무원 시험 출제위원들이 시험 문제를 낼 때 가장 먼저 참고하는 것이 무엇일까? 바로 기출문제다. 간혹 내용을 잘 모른다고 기출문제를 안 풀어 보는 사람이 있는데 알아서 푸는 게 아니다. 0점이 나와도 상관없으니 문제 출제 유형을 파악하기 위해 필요하니 꼭 풀어 보자.

또, 시험 경향을 분석하기 위해 각 과목 대표주자 선생님들의 오리엔테이션 강의를 3개 정도 들어보자. 대부분 무료로 진행되는 오리엔테이션 강의는 시험 경향과 공부 방법에 대한 소스를 주니 어떻게 공부하고 무엇이 중요한지를 파악할 수 있는 좋은 기회이다.

❷ 1회독(혹은 강의 듣기) + 공부한 다음 날 기본서에 포함된 기출문제를 기본서 내용에 형광펜으로 표시

공부의 핵심을 잡기 위해 1회독하거나 강의 들은 다음 날에 기본서에 포함되어 있는 기출문제를 기본서에 형광펜으로 표시한다(대부분의 기본서에는 약간의 기출문제가 포함되어 있다). 아래처럼 어제 1단원을 공부했다면 오늘은 1단원 기출문제를 풀면서 그 문제를 기본서 본문의 해당 부분에 표시한다.

기출문제에 여러 번 언급되었다면 해당 문장 옆에 반복된 횟수만큼 O표시를 해두자.

대집행의 주체(대집행권자) :

처분청

❶ 대집행을 할 수 있는 자는 <u>당해 행정청</u>이다. 여기서 당해 행정청이라 함은 의무를 명하는 행정행위를 한 행정청을 말한다.

❷ 감독청은 대집행 주체가 될 수 없으며, 행정청의 위임을 받아 대집행을 실행하는 제3자도 대집행의 주체가 아니다.

대집행의 대상 :

❶ 대집행의 대상이 되는 의무는 <u>법령에 의하여 직접 명하여졌거나 법령에 의거한 행정행위에 의하여 명하여진 의무로서</u> 대체적 작위의무에 한한다.

이렇게 하면 중요하고 안 중요한 것이 명확히 구분되고, 공부한 부분에 대한 기출문제가 기본서에 표시되면서 자연스럽게 복습된다.

• 기본서에 포함되어 있는 기출문제들만 표시하는 이유

단원별 기출문제는 문제가 중복되고 지엽적인 부분이 많기 때문에 그것을 기본서에 모두 표시하다가는 시간이 너무 많이 걸려 진도 나가기도 어렵고 금세 지친다. 또, 기본서에 포함되어 있는 기출문제는 많은 기출문제 중 저자가 심혈을 기울여 겹치지 않게 중요한 문제를 추린 것이다. 그렇기 때문에 공부의 핵심과 맥을 잡는 것은 기본서의 기출문제만으로도 충분하다.

• 기본서에 기출문제가 없는 경우

단원별 기출문제 중 일부만 기본서에 표시를 한다. 최근 3년간 출제된 기출문제만 표시하기, 짝수 혹은 홀수 문제 선택, 그것도 많다면 5배수 문제(5, 10, 15번 등)만 선택하는 등 본인한테 맞게 정한다.

• 기본서 본문에 이미 기출문제 풀제 부분이 표시되어 있는 경우

기본서에 이미 기출문제 출제된 부분이 표시되어 있다면, 기출문제를 풀면서 해당 부분 본문을 읽긴 하되 표시를 다시 하진 않아도 된다.

• 내용의 경중이 없어 기출문제 표시가 의미 없는 경우

〈국어〉의 한글맞춤법처럼 내용을 모조리 외워야 하는 부분은 기출문제를 풀면서 시험 출제 경향만 파악하고 기본서에 표시할 필요는 없다. 기출문제에 나온 단어는 중요하고, 안 나온 단어는 안 중요한 게 아니기 때문이다.

❸ 이해하면서 체계 잡기(2~3회독)

전체적인 맥락과 체계를 파악하기 위해 내용의 90% 정도가 이해될 때까지 2, 3회 정독한다. 도서관에서 책을 도서분류법에 의해 체계적으로 정리하듯 우리 뇌도 지식을 체계적으로 정리해야 암기를 잘할 수 있다. 무턱대로 외우면 뒤죽박죽 혼란스럽고 쉽게 잊어버리므로 생소한 과목일수록 이해독에 시간을 많이 투자하자. 그런데 만약 1회독만으로 90% 이상 내용이 이해되거나, 실용국어처럼 책을 여러 번 읽기보다 바로 암기를 해야 할 과목은 1회독 후 바로 '암기독'에 돌입한다.

2회독부터는 기본서의 기출문제와 기본서 내용 중 무엇을 먼저 공부하는 것이 효율적일까?

기출문제를 먼저 풀고, 그 다음 날 해당 부분의 기본서를 공부하는 것이 효과적이다.

날짜	10월 1일	10월 2일	10월 3일	10월 4일
내용	1단원 기본서 기출문제 풀이	2단원 기출문제 풀이 1단원 기본서 내용 공부	3단원 기출문제 풀이 2단원 기본서 내용 공부	4단원 기출문제 풀이 3단원 기본서 내용 공부

기출문제를 풀면 '아, 이 부분이 시험에 이렇게 나오는구나' 싶어 기본서 내용을 볼 때 포인트를 잡을 수 있고, 대부분 틀릴지라도 '틀렸네? 잘 알아둬야겠다!' 라며 뇌를 각성시키기 때문에 공부 효과가 높아진다. 기출문제를 먼저 풀지 않으면 초점 없이 기본서를 읽고 시험과 동떨어진 '내멋대로 공부'를 하게 되어 위험하다.

이해독 성공 포인트

❶ 나무보다 숲이 먼저, 전체적인 맥락과 체계 먼저 파악
당신은 책을 볼 때 전체적인 내용을 먼저 파악하는가? 아니면 세부적인 내용에 집중하는가?

전체적인 내용을 먼저 파악하는 경향이 있다면 합격할 가능성이 높다.

학습 연구에 따르면 공부 잘하는 사람은 책을 차례대로 읽기 전에 전체 목차와 큰 제목을 훑으면서 구조를 먼저 살핀다. 반면 공부 못하는 사람은 큰 구조를 파악하지 않고 한 줄 한 줄 차례로 읽어 나가면서 자신이 모르는 단어가 나오면 거기에 주의를 기울이며 집중하는 경향을 보인다고 한다.

만약 당신이 후자라 하더라도 전혀 실망할 필요는 없다. 다음과 같이 공부하는 습관을 들이면 당신도 공부 잘하는 사람이 될 테니 말이다.

① 목차살피기

공부하기 전에 목차를 전체적으로 훑으면서 오늘 공부할 부분이 전체 내용 중 어디에 해당하는지 맥락을 짚는다. 〈한국사〉는 시대 흐름표를 같이 보며 공부하는 것이 좋다.

② 공부할 부분 제목 훑어보기

한 줄 한 줄 읽어 나가기 전에 공부할 내용의 제목을 먼저 훑으면서 구조부터 파악한다.

③ 소단원 넘어갈 때마다 공부한 내용을 간단히 떠올려 보기

만약 한 시간에 공부 분량이 40쪽이라면 10쪽마다, 즉 대략 소단원 넘어갈 때마다 공부한 내용을 간단하게 머릿속에 떠올리며 정리하고 넘어간다.

책을 덮고 방금 공부한 내용을 다시 떠올려 보고, 생각이 안 나면 책을 찾아보면서 큰 줄거리를 다시 되짚고 다음으로 넘어가는 것이다. 이때 생각나지 않는다고 절대 스트레스 받지 마라. 기억나지 않더라도 중간중간 떠올리며 정리하는 것만으로도 기억 효과는 훨씬 더 높아진다.

❷ 세부적인 것에 신경 쓰며 스트레스 받지 않기

1회독부터 공부가 무지하게 버겁다면 십중팔구 '다 이해해야 하는데 모르는 게 너무 많아 큰일이다, 이거 언제 다 외우지? 다 외울 수 있을까?라는 비합리적인 걱정 때문이다. 1회독 마치고 당장 시험장으로 가는 거 아니다. 1회독만에 다 이해하는 사람도 없거니와 모두 외우는 사람은 더더욱 없다. 다음은 단기 합격생과 장수생의 반응 비교표이다.

구분	단기 합격생	장수생
1회독	정독을 통한 내용 이해를 목표로 부담 없이, 알면 아는 대로 모르면 모르는 대로 죽죽 읽어 나간다	전혀 외우는 단계가 아닌데도, 지레 겁먹으면서 이걸 언제 다 외우냐며 불평을 계속한다
2회독	중요한 내용 위주로 큰 틀부터 파악한다. 중요한 것은 형광펜 표시 등 따로 체크해 자동으로 구분되는 체계를 만들어 둔다	중요한 것과 안 중요한 것을 구분하지 않고 그냥 죽죽 읽어 나간다, 중요한 것을 별도로 표시하지 않는다
3회독	처음 읽는 책처럼 생소하더라도 '잊어버리는 게 당연하고 공부하면 된다'는 자신감을 가지고 편안하게 공부한다	2회독 한 책인데도 처음 읽는 것처럼 느껴지면 당황하면서 좌절감을 느낀다, 기억하라! 일정 수준 반복하기 전까지는 잊어버리는 게 당연한 거다

암기가 안 돼 어렵게 느껴지는 부분을 이해 못하고 있다고 착각하면서 붙들고 있는 건 아닌가? 예컨대 〈한국사〉 독립군 부분은 대한독립군단, 한국광복군, 한국독립군 등 유사한 단체가 너무 많다. 읽는 순간에는 이해가 되지만, 책을 덮는 순간 아무것도 기억 안 나는 멍한 느낌은 이해독으로 해결할 게 아니라 나중에 암기독을 통해 따로 해결할 문제이다.

〈한국사〉의 시대별 문화제, 〈행정학〉의 세금 구분 등 세부적 내용은 눈으로 대충 찍고 넘어가면 된다. 어차피 세부적 내용은 따로 암기할 것이고, 지금 자세히 읽어 봤자 저장도 안 되고 짜증만 나므로 '아…… 이런 게 나오고 나중에는 이런 걸 외워야 하는구나' 라는 인식만 하고 쿨하게 넘어가면 된다.

❸ 암기를 위한 최소한의 이해가 되면 더 이상 깊이 있는 공부 하지 않기

암기를 위한 내용 이해는 기본 강의와 기본서만으로 충분하다. 〈국어〉 어문 규정 찾아보고, 〈한국사〉 공부 제대로 해보겠다고 교양서적 읽고, 〈행정학〉 대학 교재 펴들고 판례 공부한다고 법원 사이트 들어가서 직접 확인하고 그러지 말라는 말이다. 흔히 말하는 학자 스타일 공부는 장수생으로 가는 지름길이다.

이해가 되면 바로 암기독으로 넘어간다. 이해독은 암기를 위한 전초전 그 이상 그 이하도 아니기 때문이다.

강의 선택의 기준 :

강의는 어떻게 선택해야 할까? 종합반을 듣는 것도, 강의라면 무조건 거부하는 것도 비효율적이다. 당신이 힘들어하는 부분을 해결할 수 있고, 얻고자 하는 바가 명확하다면 강의를 들어라.

다음은 강의를 선택하는 문제에 있어서 단기 합격생과 장수생의 차이 비교다.

구분	단기 합격생	장수생
1	꼭 필요한 부분만 강의를 듣는다	자신의 상황을 분석하기도 전에 일단 종합반부터 끊고 본다
2	필요에 의해 강의를 듣다가도 혼자 할 수 있다는 판단이 서면 과감하게 그만 듣는다	강의를 들어 보니 혼자 할 수 있고, 별 필요가 없는 것 같아도 이왕 등록한 것이니 끝까지 듣는다
3	문제풀이 시즌, 족집게 강좌 등 학원의 다양한 강좌들이 유혹해도 내 공부 흐름에 따라 꼭 필요한 부분만 듣고 흔들리지 않는다	문제풀이 시즌, 족집게 강좌 등 학원의 광고에 따라 이리저리 휩쓸리며 강의를 듣는다, 혼자 정리할 충분한 시간 확보도 하지 않는다
4	강의 듣는 시간이 늘어나면 그만큼 공부 기간도 늘어날 가능성이 높기 때문에 강의는 한 번에 끝내야 된다는 생각으로 최대한 집중해서 듣는다	시간 투자 대비 효율에 대한 인식 없이, 이해 안 되면 다음에 또 들으면 된다는 식으로 대충 듣는다
5	종강 후 혼자 공부할 수 있도록, 강의를 들으며 책에 중요 부분을 표시하고, 필기하면서 당일 복습한다	강의 들으면서 중간에 복습하지 않아 종강 후 공부하려니 막막해져 결국 다시 강의를 듣는다

앗, 읽어 보니 만약 당신이 장수생처럼 행동하고 있다면 아래의 각 항목에 따른 처방에 따르자.

① 공무원 공부 전체에 대한 그림과 준비가 없다. 이 책을 처음부터 꼼꼼히 읽고 공부 계획을 다시 세우면서 당신에게 무엇이 필요하고 부족한지 분석한다. 무턱대로 종합반부터 끊는 게 아니라 당신에게 필요한 부분만 선택해 강의를 듣는다.

② 강의를 듣는 목적이 무엇인가? 강의 듣기 전과 후 무엇이 달라지길 기대하는가? 과목의 구조와 체계를 잡기 위해? 손쉽게 외우는 독특한 암기법을 알려준다고 해서? 목적을 명확히 한 후 들을 필요가 없으면 그만 들어라.

필자는 〈행정학〉과 〈행정법〉은 한 번도 접해 본 적이 없어 과목의 구조와 체계를 잡기 위해, 〈한국사〉는 암기법을 통해 과목에 재미를 붙이기 위해 기본 강의를 들었다. 〈행정학〉〈행정법〉은 집중해서 공부하는 날 들었지만, 〈한국사〉는 암기법과 흐름 위주로 쉬는 날 집에서 인터넷으로 들었다.

〈행정학〉〈행정법〉은 워낙 생소해 강의 없이는 내용이 이해가 안 됐지만, 〈교육학〉과 〈국어〉는 책을 혼자 읽는 것과 수강하는 것에 별 차이를 못 느꼈기 때문에 강의를 그만 들었다.

③ 공무원 공부 단계에 대한 그림과 공부 계획 수정 능력이 부족하다. 이 책의 계획 세우기 부분을 꼼꼼히 읽으면서 공부 기준을 다시 세운다.

④, ⑤ 강의를 들은 후 매일 복습하고, 종강 후에 혼자 공부할 수 있도록 중요한 부분을 필기한다. 내용 흐름 파악에 도움이 되는 강사님의 말은 책 중간중간 따로 적어 놓는다. 특히, 단락

넘어갈 때 강사님이 서로 내용 연관을 지을 수 있게 정리해
주는데 그 부분을 책에 메모해 두면 나중에 혼자 공부할 때
흐름을 파악할 수 있어 좋다.

강의를 반복해서 듣는 것보다 혼자 공부하는 시간을 최대한 늘
릴수록 합격은 빨라진다.

단계 안내

아는 것과 모르는 것을 체크하면서 중요한 것부터 기본서 내용과 기출문제 암기

성공 포인트

- 기본서의 기출문제와 관련 내용 90% 이상 암기
- 아는 것과 모르는 것 구분하면서 중요한 것부터 세부적인 것까지 단계별로 암기
- 중요한 것부터 똑똑반복법을 통해 철저히 내 것으로 만든 뒤, 세부 암기로 넘어감

  p.s. 앞장의 인출식 퀴즈법, 똑똑반복법, 연상 암기법을 본인에 맞게 적용한다.

이해독이 완성된 상태

모의고사를 보면 60, 70점이 나온다

- 하루 2~3시간 공부 시 2~3개월 정도, 하루 6시간 공부 시
  24~36일 정도 걸림

암기독 계획 짜기

기본서에 포함된 기출문제 암기 + 기본서에 기출문제 나온 부분 퀴즈 만들기 → 기본서에 포함된 기출문제와 퀴즈를 똑똑반복법으로 암기한다.

기본서에 포함된 기출문제를 먼저 풀고 그 다음 날 해당 부분의 기본서 내용을 퀴즈로 만들어 암기하는 계획을 짜서 암기 효율을 높인다.

날짜	12월 1일	12월 2일	12월 3일	12월 4일
내용	1단원 기본서 기출문제 암기	2단원 기출문제 암기 1단원 기본서 내용 퀴즈	3단원 기출문제 암기 2단원 기본서 내용 퀴즈	4단원 기출문제 암기 3단원 기본서 내용 퀴즈

❶ 기본서 기출문제 암기 + 기본서에 기출문제 표시한 부분 퀴즈 만들며 정독

기본서에 기출문제 표시한 내용 중심으로 퀴즈를 만든다. 과목의 특성과 본인 공부 스케줄에 맞춰 단번에 만들 수도 있고, 회독 수를 늘려 가면서 차근차근 만들 수도 있다. 필자는 공부 스케줄에 맞춰 차근차근 퀴즈를 만들었는데, 처음에는 '키워드형'이 많았으나 회독을 반복하면서 점차 '구분형, 단답형' 퀴즈로 확대되었다. 한글맞춤법 등 실용국어는 중요한 것을 별도로 구분할 수 없어 한번에 모두 퀴즈로 만들었다.

❷ 기본서 기출문제 암기 + 퀴즈법 및 똑똑반복법으로 복습

퀴즈를 만들고 처음 복습하면 대부분이 90% 이상 틀린다. 처음엔 속상하겠지만 반복 학습하다 보면 결국에는 다 알게 되니 괜찮다. 앞에서 언급한 '순식간에 천재가 된 그들'의 실험 결과 기억하는가? 4배 적은 시간을 공부하고서도 성적이 50% 향상된 비결은 강의 듣는 대신 퀴즈식 시험을 치른 결과였다.

공부 시간 내에 퀴즈 문제 낸 것을 다 외우기가 버거우면 중요한 것부터 외우고 세부적인 것은 그냥 넘어가라. 중요한 것부터 암기 주기를 활용한 똑똑반복법을 적용해 다 외운 뒤 세부적인 것을 공략하면 된다.

돋보기로 종이를 태울 때 한 곳만 계속 비추고 있어야 종이가 타지, 여기저기 왔다 갔다 비추면 하루 종일 있어도 타지 않는다. 기억도 이와 같아서 하나라도 집중적으로 외우고 다른 것으로 옮겨 가야지 여기

저기 펼쳐 놓고 대충 기계적으로 반복하면 타지 않는 종이처럼 기억에 남지 않는다.

암기독 성공 포인트

암기독 할 때는 조급함을 버리고, 차근차근 중요한 것부터 외워 나가는 것이 포인트이다. 다음 표는 단기 합격생과 장수생의 특징 비교다.

단기 합격생	장수생
아는 것과 모르는 것을 구분해 중요한 것부터 시작, 점차 회독을 반복할수록 세세한 것까지 차근차근 외운다	아는 것과 모르는 것이 뒤섞인 채, 아는 것을 반복해서 보고, 정작 집중적으로 외워야 할 것은 놓쳐 외우지 못한다
중요한 것을 외울 때는 그것에만 집중, 지엽적인 내용을 보면서 스트레스 받지 않는다	중요한 것 위주로 외우는 회독인데도, 못 외우고 넘어간 세세한 것을 보면서 스트레스 받고 불안해한다
'다른 사람들도 모두 했는데 나라고 못 하겠어? 하면 되지' 라는 쿨한 자신감	'이걸 언제 다 외워?' 지레 겁먹고 답답해하며 부담감을 느낀다

다음 3가지에 유의하면 장수생에서 단기 합격생으로 바뀔 수 있다.

① 암기독 반복할 때 초점을 분명히 해라. 단기 합격생은 중요한 내용 외울 때는 세부 내용 외울 것을 미리 고민하며 스트레스 받지 않고 중요한 것에만 집중한다. 그런데 장수생은 중요한 것 외울 때도 세세한 것을 신경 쓰면서 스트레스 받고, 정작 세세한 것 외워야 할 때는 대충 외우고 넘어가 버린다.

② 공부를 차근차근 완성하는 계획이 있는지 점검해라. 당신의 공부가 완성되는 밑그림이 있으면 괜스레 불안하지 않다.

'지금 키워드형 퀴즈 중심으로 외우는 데 2개월 정도 걸리니까 그 이후에 세부적인 것 외우면 되겠다. 단원별 기출문제 풀면서 세부적인 것 외우기 시작하면 2개월 정도 걸릴 거야. 세부적인 것 외우면서 중요한 것 까먹으면 어쩌지? 그래, 그럼 그 후에 다시 중요한 것과 세부적인 것 모두 한꺼번에 외우고 시험 보러 가면 모두 정리 되겠네. OK!'

중간 과정을 생략하고 공부가 완성된 상태만 떠올리며 지금의 자신과 비교하면, 스스로를 옥죄고 닦달할 수밖에 없다.

③ 초점과 계획을 분명히 하고서도 습관적으로 스트레스를 받는 성격이라면 아래 글을 공부 시작 전에 메모해 보자. 생각도 훈련을 통해 바뀔 수 있다.

나는 지금 중요한 부분 위주로 외우는 거다. 세세한 건 언제(본인에 맞게 시점 계산)부터 외울 예정이니 그냥 체크해 놓고 넘어가면 된다.

나는 중요한 것부터 시작해 나중에는 세부적인 것까지 정확히 집중해서 외울 수 있는 시간과 능력이 있다. 내일 당장 시험 보러 가는 거 아니다.

난 날 믿는다. 할 수 있을까? 그럼! 할 수 있다.

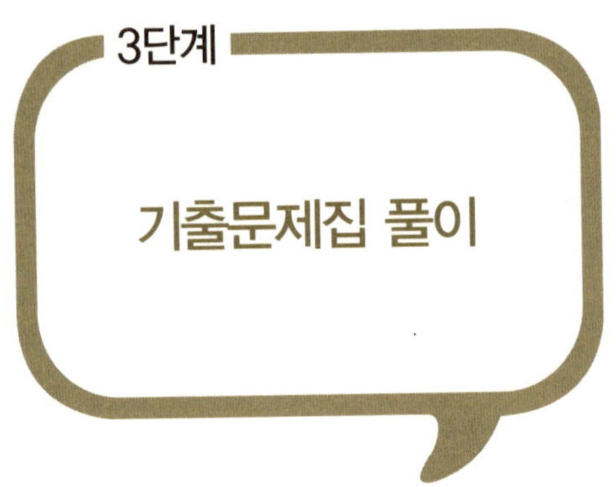

단원별 기출문제집을 똑똑반복법으로 암기

모의고사 60~70점 정도

모의고사 보면 75~80점 정도로 합격권 점수가 나옴

하루 2~3시간 공부 시 2개월 정도, 하루 6시간 공부 시 24일 정도

걸림

기출문제 풀이 계획 짜기

기출문제집을 풀고 틀린 것만 반복해 풀며 모르는 것을 없앤다. 회독을 반복하면서 공부 기간이 '4주 → 2주 → 1주 → 3일 → 1일' 식으로 줄어들 것이다.

기출문제집을 풀고 모르는 것이 없어지면 그동안 잊어버린 것을 다 잡기 위해 처음부터 끝까지 다시 풀어 본다. '3주 → 1주 → 3일 → 1일' 식으로 처음 문제집을 풀 때보다 시간이 많이 단축될 것이다.

똑똑반복법 부분의 '실전 적용법'에 따라 기출문제집을 푼다. 틀린 부분은 기본서를 찾아보면서 암기독 공부할 때 덜 외웠던 세세한 부분들까지 다시 외운다. 기출문제를 풀다 보면 그동안 못했던 아주 세세한 암기 사항들까지 많이 외우게 될 것이다.

교재는 전범위가 섞인 기출문제집보다 단원별 기출문제집이 지식을 체계적으로 쌓기에 좋다. 뇌는 지식을 체계적으로 분류해서 공부할 때 훨씬 효과적으로 습득하기 때문이다. 같은 단원끼리 묶여 있으면 문제를 풀면서 지식도 체계적으로 암기할 수 있고, 기본서 내용 찾기도 훨씬 수월하다.

전범위가 섞인 문제집은 모의고사 점수가 80점 이상 나올 때 시험 적용 연습용으로 푼다.

기출문제집 풀면서 틀린 문제에 대해 기본서를 찾다 보니 시간이 너무 많이 걸린다, 그 이유는? :

첫째, 기본서에 포함된 기출문제를 100% 알고 있는지 점검해 봐라. 기본서에 포함된 기출문제를 잘 익히지 못했다면 지금 하고 있는 것을 멈추고 그것부터 공부해야 한다.
둘째, 기본서에 포함된 기출문제를 100% 알고 있는 경우라도 기출문제의 반이 틀린다면 기본서를 찾아보지 마라. 똑똑반복법으로 틀린 문제 복습하는 것만으로도 벅차다. 기출문제의 모르는 부분이 많이 줄었을 때 기본서를 찾아보면 된다.

단계 안내

약점 보완과 시험 적응을 위해 전범위에 걸쳐 예상문제를 푼다.

주의점: 예상문제를 푸는 동시에 기출문제와 기본서 또한 계속 주

기적으로 반복 학습한다.

성공 포인트

문제 풀이할 때 실수하는 패턴을 보완한다.

시작 기준

기출문제를 100% 암기하고 모의고사 80점 내외로 합격권 점수일

때 시작한다.

합격 안정권에 든다.

하루 2~3시간 공부 시 1개월 정도, 하루 6시간 공부 시 12일 정도
걸린다.

예상문제집 풀이 계획 짜기

예상문제집 공부 계획도 기출문제 공부와 동일하다. 똑똑반복법을
적용하고 틀린 부분은 기본서를 찾아본다. 예상문제집 푸는 계획에 추
가해서 기본서와 기출문제 복습하는 시간을 배정해서 공부한다. 공부
한 내용을 잊어버리지 않고 시험장까지 잘 가져가기 위해서다.

예상문제집 풀이 중점 포인트

❶ 실수 패턴 고치기

문제를 풀다 보면 실수를 반복하는 부분이 있다. 이때 당신은 어떻
게 대처하는가? 실수라고 대수롭지 않게 넘어가는가, 아니면 실수의
원인을 파고드는가? '다음에는 실수하지 말자' 라는 단순한 결심만으

로는 시험장에서 똑같은 실수를 반복할 확률이 높다.

실수한 문제 옆에 'M' 이라고(영어 Mistake의 약자) 표시하자. 그리고 바로 옆에 '어떤 단어가 실수를 유발하는지, 어떤 형태의 문제에 더 긴장 혹은 방심하게 되는지' 등 실수의 이유를 구체적으로 적는다.

이것을 후에 모의고사 연습할 때 훑어보면 실수를 대비하는 당신만의 원칙이 나올 것이다. 실수를 고치는 훈련은 당신의 시험 점수를 올리는 무기가 될 것이다.

❷ 어려운 문제 대비 족집게 강의 듣지 마라

합격 여부에 영향을 미치지 않으니 족집게 강의 절대 듣지 마라. 지엽적이고 어려운 문제 몇 개 맞히겠다고 어려운 문제 위주로 푸는 건 바보짓이다. 지엽적인 문제가 나오면 찍고, 찍어서 맞히면 감사하고 틀려도 상관없다. 다른 사람도 다 어렵기 때문에 틀려도 합격에 영향을 주지 않는다. 어려운 문제 푸는 데 시간 할애하느라 기본서와 기출문제 풀이를 주기적으로 반복하지 않으면 금방 잊어버리게 되고, 그러다 보면 합격에도 영향을 미치게 된다.

❸ 기본서와 기출문제가 가장 중요하다

지엽적인 문제 틀릴까 봐 무작정 공부 범위와 교재 권수를 늘려 가는 사람들에게 정말로 묻고 싶다. 기본서와 기출문제는 100% 마스터했느냐고……. 그럴 시간에 기본서와 기출문제를 시험장까지 잊어버리지 않고 꼭꼭 머릿속에 집어넣어 갈 수 있도록 반복하는 것이 합격하는 길이다.

마음이 급하다고 기본서와 기출문제 단계를 뛰어넘지 마라

기출문제도 다 모르면서 '문제 풀이라도 따라하다 보면 합격하지 않을까?' 라는 막연한 기대감으로 많은 수험생들이 문제 풀이 강의에 시간과 노력을 낭비하고 있다.

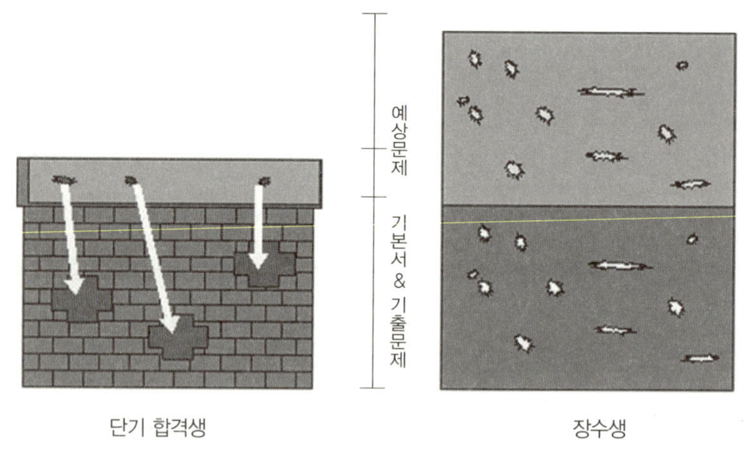

위에 전체 기본서와 예상문제 내용을 단기 합격생과 장수생이 얼마나 외우고 있는지 그림으로 나타냈다. 단기 합격생은 똑똑반복법으로 공부하기 때문에 기본서와 기출문제 부분에 틈이 없다. 혹시 틈이 있더라도 예상문제 풀면서 틀린 부분은 기본서를 찾아보기 때문에 구멍이 바로 메워진다.

그런데 장수생은 대충 공부하는 습관 때문에 지식에 구멍이 숭숭 나 있다. 제대로 반복하지 않기 때문에 예상문제를 풀어도 구멍이 생길 수밖에 없다. 시험 후 '본 건데 틀렸다'라는 말을 하기 싫으면 기본서와 기출문제부터 똑똑반복법으로 공부하는 것이 우선순위다.

필자는 〈헌법〉 공부할 때 기본서와 기출문제를 덜 외운 상태에서 시험이 코앞이라 해서 문제 풀이부터 들어가지 않았다. 만약 급한 마음에 문제 풀이로 들어가 중구난방식으로 공부했다면 아마 떨어졌을 것이다. 끝까지 기본서를 잡고 똑똑반복법, 퀴즈법, 연상 암기법 등 모든 방법을 동원해 기본서와 외울 조항 등을 모조리 머리에 집어넣고 시험장에 갔으므로 합격할 수 있었다.

기본서와 기출문제는 시험 날까지 계속 반복한다

예상문제 풀이까지 끝났는데 시험까지 2개월 이상 남은 경우 다시 암기독 단계부터 예상문제집 풀이까지를 무한 반복한다. 단, 〈국어〉의 문학/비문학, 〈영어〉의 독해처럼 지문 이해 능력 자체를 올려야 하는 경우에는 계속 문제집을 사서 풀어야 한다.

그런데 많은 수험생들의 실수는 예상문제 풀이 단계 이후에는 기본서와 기출문제를 등한시한다는 거다.

왜 이렇게 반복해야 할까? 아무리 많이 반복했더라도 내용을 2개월 이상 보지 않으면 분명 일부는 잊어버리기 때문이다. 합격의 관건은 한정된 분량을 시험장까지 머리에 넣어 가지고 가는 것에 있지, 얼마나 많은 문제를 풀었느냐에 있지 않다. 공부량은 기본서 1권으로 하되 기출문제집 1권, 기본서와 기출문제를 90% 이상 소화한 후 마지막에 예상문제집 1권을 추가해 총 3권으로 한정해라.

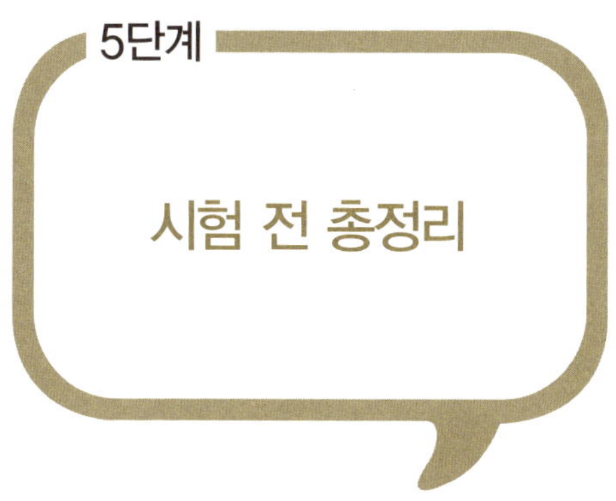

단계 안내

모의고사를 통한 시험 적응과 그동안 공부한 것을 마무리함(새로운 것은 공부하지 않는다)

시작 기준

시험 1개월 반 전 모의고사 평균 80점 정도 나올 시점

시험 전 총정리 마무리가 잘되면

본인의 실력을 200% 발휘해 합격!

걸리는 시간 및 계획 짜기

만약 7월 27일이 시험일 경우 도표와 같이 매일 오전, 즉 실제 시험 보는 시간에 모의고사를 치르고 오후에 그동안 공부한 기본서, 기출문제, 예상문제집 내용을 총정리한다.

7월 계획표

월	화	수	목	금	토	일
6/24	25	26	27	28	29	30
15일 1회독 ～						
7/1	2	3	4	5	6	7
～ 15일 1회독						
8	9	10	11	12	13	14
계획이 연기될 상황을 대비한 예비 시간						
15	16	17	18	19	20	21
1주일 1회독						
22	23	24	25	26	27	
3일 1회독			1일 1회독	1일 1회독	시험 당일	

'시험 전날 모든 과목을 1회독할 수 있게 만들어라!' 모든 합격 수기에 공통적으로 언급되어 있는 부분이다. 두꺼운 책을 어떻게 하루 만에 다 본다는 거지? 한 장 한 장 1초씩 제대로 읽지도 않고 그냥 막 넘기나? 그게 아니라 '15일 1회독'을 시작하면서 아는 것과 모르는 것을 구분해 모르는 것만 보는 것이다.

❶ 6.24(월)~7.6(토) : 15일 1회독

(중간에 7월 8~13일의 계획이 연기될 상황을 대비한 여유 시간이다.)

그동안 공부했던 기본서, 기출문제집 등을 15일 동안 1회독할 수 있는 분량으로 쪼개자.

기본서의 퀴즈와 기출문제집을 처음부터 다시 풀어 보면서 암기가 확실하게 덜 된 것을 표시해 다음 1주일 1회독 때 공부한다.

모르는 부분에 노란색 인덱스 표시를 붙여 놓고 외우게 되면 위쪽으로 옮겨 붙인다. 처음 15일 1회독 할 때는 다닥다닥 인덱스가 붙어 있더라도 15일, 1주일 1회독을 하다 보면 모르는 것이 점점 줄어든다.

❷ 7.15(월)~20(토): 1주일 1회독

15일 1회독에 표시한 부분을 공부하는 데 1주일 정도 걸릴 것이다. 15일 1회독 때와 마찬가지로 암기가 덜 된 부분을 표시해 3일 1회독 때 본다.

❸ 7.22(월)~24(수): 3일 1회독

3일 1회독 시 모르는 건 암기 노트를 만들거나 모르는 내용이 있는 부분에 인덱스 표시를 해서 1일 1회독할 때 편리하게 볼 수 있게 만들어 놓는다.

❹ 7.25(목): 1일 1회독

1일 1회독을 하면서 시험 직전에 체크할 수 있도록 중요하면서도 자신이 모르고 있는 부분만 따로 정리를 한다.

❺ 7.26(금): 1일 1회독

어제 본 것 다시 본다. 어제 봤는데도 헷갈리거나 틀리는 문제가 나올 거다. 이런 건 오감으로 습득해 당신 머릿속에 기필코 집어넣는다. 필자는 아무도 없는 곳으로 가서 걷고, 소리치고, 연상 암기법 만든 것을 연기하면서 외웠다. 절실하다면 온몸으로 외우자.

❻ 7월 27일(토): 시험 당일

당신의 실력을 보여 주는 날이다.

시험 최종 정리 시 주의점

퀴즈법과 똑똑반복법은 시험 전 최종 정리할 때 반드시 적용해야 한다. 즉, 모르는 것을 체크할 때 앞에서 수없이 강조한 퀴즈식 문제로 최종 점검하는 것이다. 내용을 안 보고 퀴즈에 답할 수 없다면 당신은 그 내용을 모르는 거다. 수동적인 책 읽기로 최종 정리하는 건 하등의 도움이 되지 않는다. 읽으면 알지만 안 보았을 때 머릿속에 떠올리지 못하는 지식은 시험장에 가서도 헷갈리기 딱 좋기 때문이다. 조금이라도 모르겠으면 주저없이 모른다고 체크해서 모조리 당신 머릿속에 집어넣고 시험장에 가자.

모의고사 문제를 틀리면 스트레스가 너무 크다, 대처법은? :

모든 수험생들의 마음일 것이다. 필자도 시험은 가까워오는데 문제를 계속 틀리자 불안하고 걱정스러웠다. 이러다 까딱하면 슬럼프에 빠지겠다 싶어 의도적으로 '지금 틀려서 다행이다. 시험에서 진짜 맞히라고 지금 틀리는구나. 공부해서 본 시험 때는 꼭 맞히자. 감사합니다' 라고 생각을 바꿨다. 또, 성적이 70~100점 사이로 불규칙하게 나오는 건 '지금 성적 중 최고 점수의 조합이 내 시험 결과다' 라고 생각했다. 의도적으로 생각을 긍정적으로 바꾸고 철저히 복습하는 것이 틀린 문제를 통해 합격의 기회를 잡는 최선책이다.

드디어 시험 당일이다. 그동안의 노고를 보상받을 수 있는 날이다. 단, 최상의 실력을 발휘한다면 말이다.

많은 수험생들이 시간 안배, 문제 풀이 순서는 고민하면서 정작 시험에 결정적일 수 있는 시험 불안 예방, 실수 패턴 고치기, 어려운 상황 대처는 간과한다. 하지만 시험 직후 얼마나 많은 수험생들이 문제를 착각해 실수하고, 생각지 못한 난이도 때문에 당황하고, 시험 불안으로 자신의 실력을 발휘하지 못해 좌절하고 있나? 당신이 시험에서 실수를 하나도 안 하고, 어려운 상황에서도 당황하지 않고, 자신감과 고도의 집중력을 유지할 수 있다면 몇 점이나 더 올라갈까?

평상시 당신이 하는 노력에서 조금만 방법을 바꾸고 조금만 더 시간을 투자하면 숨겨진 몇 점을 더 올릴 수 있다. 필자 또한 시험 전 시험 적응 연습을 통해 실수하지 않고, 자신감과 집중력을 유지해 최상의 실력을 발휘할 수 있었다. 시험 적응 훈련을 하는 것은 시험 합격을 위한 선택이 아니라 필수다.

❶ 시험 불안을 해결하는 '1분 합격의 말'

시험 당일 자신감을 유지하려면 잘할 수 있다는 다짐으로는 부족하다. 아래 '1분 합격의 말'을 매일 따라 적고 읽어서 시험 보는 도중 무의식중에 생각나도록 하자. 이 말은 시험 볼 때 스스로에게 주문을 걸었던 말이기도 하다.

시험에서 당황하거나 좌절하지 않는 원동력은 현재 풀고 있는 문제와 다음 풀 문제에 온전히 생각과 에너지를 집중하고, 이미 지나간 문제는 맞든 틀리든 생각 자체를 안 하는 데 있다. 이것은 그냥 '생각하지 말자'라고 다짐해서 되는 게 아니라 자신을 응원해서 긍정적 기분을 유지할 때 가능한 일이다.

지금 충분히 잘하고 있다. 앞으로 더 잘할 것이다. 잘하게 해주셔서 감사합니다. 내가 고른 게 모두 정답이다. 아는 건 알아서 맞히고 모르는 건 찍어서 맞힌다. 시험을 치면서 최고의 집중력과 능력을 발휘한다.

글을 쓰고 나서 차분하고 당당하게 시험 치는 모습을 상상한 후 무의식중에 각인시킨다. 당신이 마음속에 상상으로 그린 모습이 당신의 현실로 펼쳐질 것이다.

❷ 심호흡 통한 집중력 유지 전략

과목 넘어갈 때 잠시 몇 초간 눈을 감고 심호흡을 하면서 마음을 가다듬는다. 사람의 집중력은 30분을 넘지 않기 때문에 흐트러진 정신을 다시 가다듬고, 설사 못 본 과목이 있더라도 다른 과목에 영향을 주지 않도록 마음을 다잡는 것이다.

❸ 실수 방지하는 문제 표시 비법

흔히들 문제의 질문 중에 '틀린 것은?'에 O 표시를 하고 보기 지문을 하나씩 읽으면서 답이 아닌 것을 지워 나간다.

그러나 이런 식으로 문제를 풀면 옳은 것과 틀린 것을 착각하는 실수를 하기 쉽다. 다음은 이런 실수를 막을 수 있는 방법의 예시이다.

① 문제 지문과 보기 모두 옳은 것에는 ○ 표시한다.

20. 사회복지사업법에서 규정하는 지역사회복지계획의 수립 및 시행에 대한 설명으로 옳은 것은?

① 시·도의 지역사회복지계획을 수립한 후, 이를 토대로 시·군·구의 지역사회복지계획을 수립한다.

② 보건복지부장관은 시·도의 지역사회복지계획 시행 결과를 평가하지 않는다.

③ 시·군·구의 지역사회복지계획은 시·군·구 사회복지위원회의 심의를 거쳐 수립한다.

④ 계획의 내용에는 사회복지서비스와 보건의료서비스의 연계제공방안에 관한 사항이 포함되어야 한다.

② 문제 지문과 보기 모두 틀린 것에는 X 표시한다.

8. 전자정부와 지식관리에 대한 설명으로 옳지 않은 것은?

① 전자정부의 발달과 함께 공공정보의 개인 사유화가 심화되었다.

② 지식관리는 계층제적 조직보다는 학습조직을 기반으로 한다.

③ 전자 거버넌스의 확대는 직접민주주의에 대한 가능성을 높인다.

④ 정보이용 계층에 대한 정보화정책으로서 정보격차 해소 정책이 중요해졌다.

③ OMR 카드 최종 마킹하기 전 문제와 보기의 ○×가 제대로 표시되었는지 확인한다.

실제로 필자는 〈국어〉 문제에서 질문은 ○인데 보기는 ×인 것을 답으로 선택하는 실수를 ○× 표시 검증을 통해 발견하여 틀릴 뻔한 문제를 맞힐 수 있었다. 〈국어〉 문제와 보기 사이에 긴 지문이 끼어 있어서 문제를 풀 때 순간 착각한 것이다.

아리송한 문제 풀이 전략

시험 막판에 고친 답이 틀리거나 모르는 문제를 붙들고 있다가 아는 문제까지 제대로 못 풀면 이것처럼 낭패가 없다. 그 실수로 합격의 당락이 갈리기도 한다. 당신은 어떤가?

보통 다음과 같은 원칙을 정해 놓으면 시간을 효과적으로 활용할 수 있고, 정답일 확률이 높아진다.

❶ 아리송하거나 모르는 문제는 고민하지 말고 처음 찍은 보기를 답으로 한다

시험 문제 대부분은 암기 지식을 묻는 것이기 때문에 외웠다면 맞히는 거고 아니면 틀리는 거다. 고민한다고 답이 나오는 것도 아니고 고민할수록 더 혼란스럽고 시간만 낭비된다. 그럴 시간 아껴서 영어 독해에 투자하면 한 문제는 더 맞힐 수 있다.

❷ 옳은 것을 틀린 것으로 보는 것과 같은 명백한 실수나 100% 확
실한 답이 아니라면 처음 고른 답을 바꾸지 않는다

처음에 문제를 풀 때 우리 뇌는 지식과 직감 모두를 활용해 답을 찾
아낸다. 왠지 모르게 이게 답이라는 느낌은 뇌 속에 저장된 모든 지식
을 동원해 추론한 것이다. 이후에 그 문제를 읽고 또 읽으면서 고민을
반복할수록 표피적인 '지식'과 관련된 뇌 부분만 작동한다. 그래서
답을 고치면 대부분 틀리는 거다.

❸ '내가 찍은 게 답이다'라고 믿어라, '내가 표시한 게 모두 답이
다'라고 나를 속여라

아리송한 문제는 답을 선택하고 난 후 후회하지 말고 '내가 찍은
게 답이다'라고 쿨하게 믿어라. 믿는 게 안 된다면 스스로를 속여라.
모르는 문제에 신경 쓰면 앞으로 남은 시험에 100% 집중할 수 없다.

아리송한 〈국어〉 문제 풀 때 ②번을 답으로 체크했는데, 실수로 답
지 마킹을 ③번에 했다. '아차' 싶었지만 순간 생각을 바꿨다. '아,
③번이 답인가 보다. ③번이 답이므로 하늘이 날 도와서 ③번으로 마
킹 실수하게 했나 보다.' 답지 바꾸기에 시간이 부족했고, 아리송한
문제라 ②번도 정답이라는 확신이 없었다. 그래서 그냥 마음 편하게
내 마음대로 유리하게 생각하고 다음 과목에 전념했다. 자신감이 최고
의 자산이다(시험 후 정답을 확인해 보니 둘 다 답이 아니었다. 어쨌든 쓸데
없는 것에 소모하지 말자는 것이다).

찍기도 전략적으로

몰라서 찍어야 할 때는 본인이 답으로 체크한 보기 중 가장 개수가 적은 번호로 찍으면 맞힐 확률이 높아진다. 시험 정답 보기 개수는 문항당 4~6개가 평균이기 때문이다. 만약 ①번이 2개, ②번이 6개, ③번이 3개, ④번이 3개라면 가장 개수가 적은 '①번'으로 다 찍는 거다.

시험 시간과 장소에 최적화하기

시험 상황과 최대한 비슷한 환경에서 모의고사 치르는 연습을 해라. 사람은 자신이 공부할 때와 비슷한 환경에서 기억을 가장 잘하기 때문이다. 한 심리학 실험에서 잠수부원들에게 단어를 외우도록 한 다음 기억력을 테스트했다. 물속에서 외운 잠수부가 물속에서 기억을 떠올릴 때 가장 기억률이 높았고, 물속에서 외웠는데 해변에서 기억을 떠올릴 때는 기억률이 50% 정도 떨어졌다고 한다.

❶ 시험 시간에 맞춰 연습하기

당신의 뇌가 시험 보는 시간에 가장 활성화되도록 실제 시험 보는 시간에 모의고사 연습을 해라. 시험 시간이 오전 10시라면 모의고사도 오전 10시에 시작하는 것이다.

❷ 시험은 연습처럼, 연습은 실전처럼! 마킹 연습까지 하기

모의고사라고 설렁설렁 보지 말고, 실제처럼 긴장감을 한껏 끌어올린 후 마인드 컨트롤을 통해 자신감을 불어넣으면서 시험 보는 연습을 해라. 필자는 실제 상황 연출을 위해 시험지 마킹 연습할 때 가끔 일부러 손을 덜덜 떨기도 했다. 항상 마킹 실수로 몇 문제나 틀린다면서도 마킹 연습을 안 하는 사람이 있다. 이해가 안 된다. 시험지 마킹에 익숙해질 때까지 연습해야 한다. OMR 답안지는 학원 전체 모의고사 볼 때 여분으로 몇 장 들고 와서 복사해 쓰면 된다.

❸ 평상시 복장 및 사용하던 물건으로 시험장 가기

필자는 공부할 때 입었던 추리닝에 슬리퍼로 시험장에 갔다. 볼펜, 컴퓨터용 사인펜도 내가 평상시에 쓰던 물건이었다. 평상시 내 물건을 애정의 눈으로 '너희들이 날 지켜 주는 부적이다' 라고 생각하며 자주 사랑의 마음을 보냈기 때문에 왠지 든든했다. 부적, 수호천사가 별건가? 든든한 응원을 받을 수 있다면 모든 것이 부적, 수호천사다.

이런 일들이 아주 사소하게 보일 수 있지만, 그 사소한 것들이 모여 완벽함을 만들어 내고, 그 이상의 결과를 만들어 낸다면 그것은 더 이상 사소한 것이 아니다.

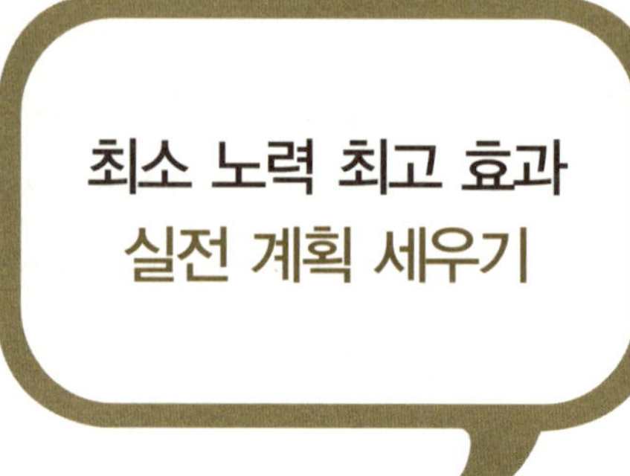

 이제 공무원 시험 공부 단계의 전체적 흐름을 알았다면 이것을 바탕으로 실전 계획을 세워 보자.

전습법과 분습법의 효과적 활용

많은 수험생이 여러 과목을 하루에 조금씩 나눠서 공부해야 하는지, 한 과목을 며칠씩 몰아서 공부해야 하는지 고민한다.

어떻게 배치하는 것이 가장 효율적일까? 당신이 지금 하고 있는 과목 배치 방식이 최선일까?

한 과목을 며칠씩 연달아 공부하는 방식을 '전습법'이라 하고, 조금씩 매일 나눠서 공부하는 방식을 '분습법'이라 한다. 학습 연구에 따르면 전후 맥락이 있는 과목은 전습법이, 무의미한 맥락의 기계적 암기는 분습법이 유리하다고 한다.

즉, 〈행정법〉〈행정학〉〈한국사〉처럼 서로 앞뒤 내용이 연결되면서 의미 있는 내용은 전습법이, 영어 단어, 한자, 〈국어〉 한글맞춤법처럼 기계적으로 암기하는 내용은 분습법이 유리하다.

필자는 9급 시험 후 바로 7급 공부를 하면서 영어 단어, 한자, 〈국어〉 한글맞춤법은 분습법으로, 〈한국사〉〈행정학〉〈행정법〉〈헌법〉〈교육학〉은 전습법으로 공부했다. 아침에 도서관에 도착하면 〈국어〉〈영어〉 문제집을 매일매일 1회씩 푸는 것을 유지했고 오후에는 전습법 과목을 6~7시간씩 공부했다. 하루 마무리 무렵에는 한자와 영어 단어를 조금씩 매일 외웠다.

단, 전습법이 공부 효율성이 높다고 해서 무조건 적용하면 오히려 독이 될 수도 있다. 한 과목을 연속해서 보더라도 집중력을 유지할 수 있을 때 전습법이 효과적이다. 집중력 유지가 안 되면 공부가 지겹고, 그걸 참고 억지로 꾸역꾸역 공부하다 보면 슬럼프에 빠질 위험이 있기 때문이다. 전습법을 시도해 보되, 만약 지루함이 지나쳐 짜증이 날 정도라면 하루에 여러 과목을 동시에 보는 분습법으로 전환해 공부하는 편이 낫다.

전체 계획 세우기

❶ 과목별 공부 단계에 따른 학습 내용과 예상 시간 계산

계획을 세우기 위해 각 과목별로 당신의 공부 단계에 따른 학습 내용과 소요 예상 시간을 적어 보자.

성적에 따라 이해독이 아니라 암기독이나 기출문제집 풀이부터 시작할 수 있다. 〈한국사〉 성적이 70점이라면 기출문제집 풀이부터 시작하면 되고, 〈행정학〉이 50점이라면 암기독부터 시작하면 된다. 아래 예시 계획표는 처음 시작하는 수험생을 위해 만든 것이다.

	과목	이해독	암기독	기출문제집	예상문제집	비고	총시간
국어	실용국어	하루 1시간 -2개월	하루 2시간 -3개월	하루 40분 기본서 외우고 20분 문제풀이 -1개월	기본서 실용국어, 지식국어 필요 부분 외우면서 예상문제집 전 영역 풀이 -2개월		하루 2시간 -8개월
	문학 / 비문학	하루 30분 -2개월		하루 1시간 -1개월			
	지식국어	하루 30분 -2개월					
	한자	매일 30분씩 암기					
영어	어휘	매일 조금씩 할당량 암기					하루 2시간 -8개월
	문법	하루 1시간 -1개월	하루 1시간 -2개월	하루 1시간 -3개월	모의고사 형식 예상문제집 풀이 -2개월		
	독해	매일 1시간씩 꾸준히 공부					
	생활영어 숙어					시험 2개월 전 공부 시작	

한국사	9일	27일 (9→9→5 →3→1)	19일 (8→4→2 1→3→1)	9일 (3→2→1→ 2→1)		하루 6시간 -64일
행정학	27일 (18→9)	18일 (9→5→3 →1)	19일 (8→4→2 1→3→1)	9일 (4→3→1→ 1)	기본 강의 들음	하루 6시간 -73일
사회	9일	18일 (9→5→3 →1)	19일 (8→4→2 1→3→1)	9일 (4→3→1→ 1)		하루 6시간 -55일

〈국어〉〈영어〉는 각각 매일 2시간 정도 분습법으로 공부하고, 나머지 과목은 하루에 6시간씩 전습법으로 공부한다.

〈국어〉

〈국어〉는 실용국어, 문학/비문학, 지식국어, 한자 파트별로 나누어 공부한다. 기본서 전체를 정독하며 기본서 기출문제집을 풀어 본 뒤, 실용국어에 중점을 두고 공부한다. 실용국어는 퀴즈식으로 철저히 기본서 내용을 암기한다. 초기에는 실용국어만 암기하는 데도 하루 2시간이 빠듯하기 때문에 실용국어부터 확실히 잡고, 그 후에 한자 등 다른 영역을 공부하기 시작한다.

기출문제집과 예상문제집을 풀면서도 실용국어 파트의 기본서는 계속 반복 암기한다.

한자는 욕심내지 말고 기본서에 있는 한자만 매일 꾸준히 30분씩 할애해 누적 복습한다(블로그에 한자 퀴즈 파일이 있으니 다운받아 사용).

〈영어〉

〈영어〉도 〈국어〉와 마찬가지로 문법, 어휘, 독해, 생활영어, 숙어 파트로 나눈다. 어휘, 독해에 가장 중점을 두고 공부하되, 생활영어 및 숙어는 시험 2개월 전쯤부터 공부하면 된다.

생활영어와 숙어는 〈영어〉 기본서나 간단한 특강 자료 정도면 충분하다.

어휘는 공무원 시험용 어휘집으로 하루 1시간씩 꾸준히 투자해 외운다.

독해는 해설 자체가 잘 안 될 경우 직독 직해, 구문 독해로 기초부터 익혀야 하고, 해석은 되지만 속도가 느린 경우 필요한 부분만 발췌해서 문제를 푸는 스킬이 필요하다. 필자는 성기근 선생님의 〈광속 독해 문제집〉을 통해 발췌 독해 스킬을 터득했다.

문법은 전체 20문제에서 2~4문제 정도 출제된다. 그러니 예상문제집 풀기 전까지 꾸준히 공부하되 너무 많은 시간을 투자하진 마라. 문법 문제의 해설이 80~90% 이해되더라도 우수수 틀리는 경우 문법 강의와 기본서를 반복하기보다 문제를 많이 풀어 유형을 암기토록 한다. 문법 기출문제집은 틀린 문제에 대해 관련 이론을 확인할 수 있도록 명사, 시제, 가정법 등 단원별로 구성되어 있는 것을 구입하는 것이 좋다. 단원별로 공부해야 머리에 비슷한 내용이 연관, 입력되어 다른 문제에 적용할 수 있기 때문이다.

〈한국사〉〈행정학〉〈사회〉

구분 / 과목	이해독	암기독	기출문제집	예상문제집
한국사	9일	27일 (9→9→5→3→1)	19일 (8→4→2→1→3→1)	9일 (3→2→1→2→1)
행정학	27일 (18→9)	18일 (9→5→3→1)	19일 (8→4→2→1→3→1)	9일 (4→3→1→1)
사회	9일	18일 (9→5→3→1)	19일 (8→4→2→1→3→1)	9일 (4→3→1→1)
합계 날짜	45일	63일	57일	27일

전습법으로 공부하는 과목의 계획 날짜를 보면 아래처럼 되어 있다.

〈한국사〉 암기독 – 27일 (9→9→5→3→1)

〈행정학〉 기출문제집 – 19일 (8→4→2→1→3→1)

〈사회〉 예상문제집 – 9일 (4→3→1→1)

〈한국사〉 전체 암기 1회독(기본서에 포함된 기출문제 암기+퀴즈 만들기)을 할 때 9일이 걸리고 그 다음 암기 2회독을 할 때 9일(기본서에 포함된 기출문제 암기+퀴즈 암기)이 걸릴 것이다. 암기 회독을 반복할수록 모르는 것이 줄기 때문에 걸리는 시간도 준다. 그래서 암기 3회독 5일, 암기 4회독 3일, 암기 5회독 1일인 것이다.

〈행정학〉 기출문제집 풀이도 마찬가지로 암기 회독을 반복할수록 모르는 것이 줄기 때문에 1회독 8일, 2회독 4일, 3회독 2일, 4회독 1일로 시간이 준다. 모르는 문제가 없어지면 처음 풀었을 때 틀렸던 것을 모두 3일에 걸쳐 다시 풀어 본다. 4회독을 했더라도 그동안 잊어버린 것이 있을 것이다. 그래서 틀린 것을 다시 하루 동안 복습한다.

〈사회〉 예상문제집 풀이 또한 마찬가지다. 암기 회독을 반복할수록 시간은 단축된다.

위 3가지 전습법 과목을 배치할 때 아래 ① ② ③ 중 어떤 것이 가장 효과적일까?

① 하나씩 철저히 하기 위해 한 과목을 전체 마스터한 후 다음 과목으로 넘어감

〈한국사〉 이해독 9일 → 〈한국사〉 암기독 27일 → 〈한국사〉 기출문제집 19일 → 〈한국사〉 예상문제집 9일 → 〈행정학〉 이해독 27일 → 〈행정학〉 암기독 18일 → …… → 〈행정학〉 예상문제집 9일 → 〈사회〉 이해독 9일 → …… → 〈사회〉 예상문제집 9일 → 전과목 시험 전 마무리 총정리

② 전체 과목을 단계별로 마친 뒤 다음 단계로 넘어감

〈한국사〉 이해독 9일 → 〈행정학〉 이해독 27일 → 〈사회〉 이해독 9일

→ 〈한국사〉 암기독 27일 → 〈행정학〉 암기독 18일 → 〈사회〉 암기독 18

일 → 〈한국사〉 기출문제집 19일 → 〈행정학〉 기출문제집 19일 → 〈사회〉

기출문제집 19일 → …… → 전과목 시험 전 마무리 총정리

③ 단계별로 공부하되 그 안에서도 공부 내용을 쪼갠 후 과목을 섞

어 배치

〈행정학〉 이해독(기본서 강의) 18일 →

〈한국사〉 이해독 9일 → 〈행정학〉 이해독 9일 → 〈사회〉 이해독 9일 →

〈한국사〉 암기 1회독 9일 → 〈행정학〉 암기1회독 9일 → 〈사회〉 암기 1회

독 9일 →

〈한국사〉 암기 2회독 9일 → 〈행정학〉 암기 2회독 5일 → 〈사회〉 암기 2

회독 5일 →

〈한국사〉 암기 3회독 5일 → 〈행정학〉 암기 3회독 3일 → 〈사회〉 암기 3

회독 3일 →

〈한국사〉 암기 4회독 3일 → 〈행정학〉 암기 4회독 1일 → 〈사회〉 암기 4

회독 1일 → 〈한국사〉 암기 5회독 1일 →

〈한국사〉 기출문제집 8일 → 〈행정학〉 기출문제 8일 → 〈사회〉 기출문제

집 8일 →

〈한국사〉 기출문제집 4일 → 〈행정학〉 기출문제집 4일 → 〈사회〉 기출문

제집 4일 →

〈한국사〉 기출문제집 2일 → 〈행정학〉 기출문제집 2일 → 〈사회〉 기출문

제집 2일 → …… → 전과목 시험 전 마무리 총정리

③번이 가장 효율적이다. 주기적으로 비슷한 내용을 자주 반복하고 있기 때문이다.

이렇게 과목 배치를 하면 똑똑반복법의 1일, 1주일, 1개월이라는 날짜와 며칠 정도의 차이는 있지만 자연스럽게 맞물리면서 반복 학습이 된다. 뿐만 아니라 〈한국사〉 암기 1회독 9일 동안 공부할 때 1일 후, 1주일 후 똑반법을 적용해 기억의 효율을 극대화시킨다.

❷ 전체 로드맵 세우기

과목별로 공부 계획 일정이 나왔으면 다음은 시간 배치다.

공부 계획 세울 때는 같은 내용을 반복 주기에 따라 복습할 수 있도록 배치한다.

날짜 (월)	10월	11월	12월	1월	2월	3월	4월	5월	6월	7월
분습법 과목	〈국어〉 〈영어〉 – 매일 공부									
전습법 과목	이해독 (45일)		암기독 (63일)			기출문제집 (57일)		예상문제집 (27일)		
내용	〈행정학〉 기본 서 강의 듣기 18일 → 〈한국사〉 9일 → 〈행정학〉 이해독 9일 → 〈사회〉 9일		〈한국사〉 암기 1회독 9일 → 〈행정학〉 암기 1회독 9일 → 〈사회〉 암기 1회독 9일 → 〈한국사〉 암기 2회독 9일 → 〈행정학〉 암기 2회독 5일 → …… → 〈행정학〉 암기 4회독 → 〈사회〉 암기 4회독			〈한국사〉 기출 1회독 8일 → 〈행정학〉 기출 1회독 8일 → 〈사회〉 기출 1회독 8일 → …… → 〈한국사〉 기출 6회독 1일 → 〈행정학〉 기출 6회독 1일 → 〈사회〉 기출 6회독 1일		〈한국사〉 예상 1회독 3일 → 〈행정학〉 예상 1회독 4일 → 〈사회〉 예상 1회독 4일 → …… → 〈한국사〉 예상 5회독 1일 → 〈행정학〉 예상 4회독 1일 → 〈사회〉 예상 4회독 1일		시험 총정리

앞의 예시표를 큰 틀로 하여 본인한테 맞게 수정한다. 만약 당신이 직렬 병행이나 7급 시험까지 대비해 공부해야 할 과목이 추가된다면 위 계획표에 덧붙이기만 하면 된다. 1차 계획은 100% 정확할 필요도 없고 정확할 수도 없다. 다만, 당신에게 방향을 제시하는 나침반 역할을 할 뿐이다. 그러므로 이 정도로 짜놓고 실천해 가면서 매주 점검 · 수정하면 된다.

• 이렇게 짜면 아니 아니 아니되오 ①

과목	한국사	행정학	사회	한국사	행정학	사회	한국사	행정학	사회	전과목
공부 순서	기본서 −1개월	기본서 −1개월	기본서 −1개월	기출 문제집 −2개월	기출 문제집 −2개월	기출 문제집 −2개월	예상 문제집 −15일	예상 문제집 −15일	예상 문제집 −15일	총정리

기본서 공부하고 기출문제집 보고 예상문제집 좀 풀다가 막판에 총정리하는데 뭐가 잘못된 걸까?

같은 내용을 주기적으로 반복해야 복습의 효율이 높은데 〈한국사〉 기본서를 공부하고 다시 〈한국사〉 공부를 할 때까지 2개월의 시간이 소요된다. 또 〈한국사〉 기출문제집을 풀고 다시 〈한국사〉를 볼 때까지 4개월의 시간이 지난다. 과목 사이 공백이 너무 길어 그동안 공부한 것을 잊어버렸을 텐데, 다시 복습하는 과정이 없다.

앞에서 설명한 것처럼 과목별 공부 텀을 줄일 수 있도록 다시 재배치해야 한다.

• 이렇게 짜면 아니 아니 아니되오 ②

날짜	올해 10월~내년 3월	내년 4~5월	내년 6월	내년 7월
공부 진도	기본 강의 들으면서 기본서 1회독	기출문제집 1회 풀이	모의고사	시험일

이 계획은 어떤 부분이 문제일까? 이 계획은 한 번만 공부하면 100% 기억한다는 가정하에 짜인 것이다. 기본서도 한 번, 기출문제집도 한 번, 모의고사도 한 번씩이다. 계획 중에 반복을 통해 익히는 부분이 하나도 없다.

가끔 위와 같은 계획을 세우고 '한 번 볼 때 제대로 보면 되지 않을까요?' 라고 반문하는 수험생이 있다. 그러나 당신의 의지나 결심과는 무관하게 일정 시간이 지나면 당신의 뇌는 까먹는다. 우리가 잠자지 말아야지 하고 결연히 결심한다고 잠이 안 오나? 1회독 후 시간이 지나면 당연히 까먹는 게 자연스러운 현상이다. 그래서 반복을 그렇게 강조하는 것이다.

이런 계획이라면 시험 당일까지 갈 것도 없이 내년 4월 기출문제집 풀이 때부터 풀 수 있는 문제가 거의 없다는 걸 알고 절망과 불안에 빠질 것이다.

❸ 중기(1개월) 계획 세우기

전체 공부 계획이 짜여졌다면 이를 바탕으로 앞으로 1~2개월 정도의 중기 계획을 세워야 한다. 이때 자신의 공부량을 파악해 그것을 바탕으로 현실적인 계획을 세우는 것이 가장 중요하다. 공부량은 〈영어〉 공부 1시간이 아니라 〈영어〉 독해 문제 10문제, 〈한국사〉 40쪽 등으로 목표치를 명확하고 구체적으로 정한다.

초등학생을 대상으로 윗몸일으키기 실험을 했는데 한 그룹은 윗몸일으키기를 몇 번 할 것인지 구체적인 목표치를 정했고, 다른 그룹은 정하지 않았다. 2분 후에 목표치를 정한 학생들이 그렇지 않은 학생들보다 훨씬 더 많은 윗몸일으키기 실행수를 기록했다. 이처럼 막연하게 1시간 공부하겠다보다 '1시간 동안 10문제를 풀겠다'는 구체적 계획이 성과를 높이고 시간 때우기 식의 공부 습관을 막아 준다.

❹ 1주일, 1일 계획 세우기

중기 계획을 세웠다면 그 다음으로 1주일, 1일 계획을 정한다. 기상, 식사, 수면 시간은 일정하게 하고, 하루의 일과 중 마음을 다잡는 시간을 꼭 배치한다. 공부 후 바로 잠을 자면 공부 후 다른 활동을 했을 때보다 훨씬 기억률이 높아진다. 그래서 완전 순수 암기에 해당하는 영어 단어, 한자는 자기 전에 배치하는 것이 좋다.

시간	공부 계획
9시	〈국어〉 〈영어〉
12시	점심
1시	전습법 과목
6시	저녁
7시	전습법 과목
10시	영어 단어, 한자 등 순수 암기

〈영어〉가 제 발목을 잡아요 :

〈영어〉 실력은 적어도 아래처럼 기본 수준은 만들어 놓고 전과목 공부를 시작하자.

- 어휘 : 중·고등학생용 기본 단어
- 독해 : 지문의 60% 정도 해석 가능
- 문법 : 기본적 문법 내용을 알고 있어서 문법 문제집 해설을 보면 이해할 수 있음

이 정도의 기본 바탕은 되어야 열심히 한다는 전제하에 1년 안에 공무원 시험 합격권 점수를 만들 수 있다. 그러나 이 실력이 안 되면 하루 2, 3시간 정도 공부해서 〈영어〉 점수를 80점대로 만들기는 어렵다.

〈영어〉가 완전 바닥이면 시험은 가까워 오는데 〈영어〉 성적은 50~60점에서 멈출 것이다. 이 경우 성적도 안 나오는 〈영어〉는 운에 맡기자는 자포자기의 심정으로 포기하고 암기 과목에 올인한다. 암기 과목으로 부족한 〈영어〉 점수를 커버할 요량이었지만 공무원 시험 커트라인이 평균 90점을 육박하는 상황에서 〈영어〉 과목을 포기하고선 합격할 수 없다. 암기 과목 중 돌아가면서 한 과목은 어렵게 나오기 때문에 모두 100점을 맞을 수 없기 때문이다.

기본 실력을 만들 때까지 아래 안내에 따라 2, 3개월 정도 〈영어〉

에만 올인하자. 당장은 늦은 것 같지만 결국 전체 수험 기간을 단축시켜 준다.

공무원 〈영어〉는 어휘, 독해, 문법, 생활영어, 숙어 등 다양한 영역으로 나뉘어 있다. 이중에서 가장 중요한 것이 무엇일까? 독해다. 시험 문항의 대부분이 독해이기 때문이다. 그런데 독해가 되려면 어휘와 기초 문법 실력이 있어야 한다.

❶ 어휘(2시간)

중·고등학교 기본 영어 단어를 모른다면 그것부터 외워야 한다. 바로 공무원 시험용 어휘책을 외우면 안 되냐고? 공무원 어휘책 단어는 아주 어렵기 때문에 독해 지문에 그 단어가 나오는 비율은 적다. 독해 지문 단어의 대부분은 중·고등학교 기본 단어다. 기본 단어도 모르는 채 어려운 단어 공부해 봤자 독해에 별 도움이 안 된다. 공무원 시험용 어휘문제집은 지금 단계에서는 시기상조다.

어휘는 일정 분량 나눠서 외우고 하루에 2시간 정도만 투자하자. 한꺼번에 단어 100개를 외우는 것보다 하루에 20개씩 5일에 나눠 외우는 것이 기억에 훨씬 많이 남는다. 개인적으로 연상 암기법으로 암기의 효율성이 높은 경선식 선생님의 단어책을 추천한다.

❷ 독해(6시간)

독해의 기초는 직독 직해와 구문 독해다.

직독 직해는 영어를 앞에서부터 바로 읽고 바로 해석하는 것이다.

'I taught my daughter how to division at the age of six.'

이 문장을 직독 직해하면 어떻게 될까?

I taught / my daughter / how to division / at the age of six.

'나는 가르쳤다 / 내 딸을 / 어떻게 나눗셈하는지 / 여섯 살일 때'

이렇게 문장을 끊어서 해석하는 방법이 직독 직해다.

구문 독해는 what, which, that 접속사, 가정법 등 다양한 영어 구조를 먼저 파악한 후 해석하는 것이다. 이렇게 공부하면 자연스럽게 문법 공부도 되는 셈이다.

구문 독해 기초가 된 상태에서 문제 풀이 스킬을 배우면 독해 속도가 빠르게 늘지만, 문장 해석도 안 되는데 어려운 공무원용 독해 문제를 많이 풀어 봤자 실력도 안 늘고 스트레스만 받는다.

수능 교재도 좋으니 시중에 나와 있는 직독 직해, 구문 독해 관련 교재를 구해 기초부터 튼튼히 다지자.

기본을 다지고 본격적으로 공무원 영어 공부할 때도 독해 문제 답만 맞히고 넘어가서는 실력이 늘지 않는다. 지문 한 문장 한 문장을 모두 해석해 본 후 잘 모르는 문장은 반복해서 익혀야지 구문 독해 실력을 늘릴 수 있다.

❸ 문법(2시간)

문법 문제집의 해설을 읽어도 잘 이해가 안 된다는 건, 문법의 기초가 없다는 말이다. 해설 자체가 이해가 안 되는데 문제를 풀고 답을 외워 봤자 전혀 응용이 안 된다. 이럴 경우에는 기초 문법 강의를 통해 초기 단계부터 닦아 혼자 공부할 수 있을 정도까지 실력을 쌓는다. 절대 심화 문법 강의 이런 것 듣지 말고 기초 문법을 익힐 수 있는 강의면 충분하다.

합격 계획 성공 원칙 3가지

공부하다 보면 처음 계획이 뒤로 밀리고 교재가 바뀌는 등 여러 변수 때문에 완벽한 계획이란 불가능하다. 그러나 완벽한 계획은 아니어도 합격으로 이끄는 계획을 세우는 성공 원칙은 존재한다.

첫째, 자신의 능력을 고려한 현실적인 계획을 짜라
둘째, 매일 계획을 체크하라
셋째, 계획을 매주 수정하라

3가지 성공 원칙을 자세히 알아보자.

첫째, 자신의 능력을 고려한 현실적인 계획을 짜라

계획을 먼저 세우고 자신을 거기에 끼워 맞추는 것이 아니라, 먼저 당신의 공부 능력을 파악한 다음 거기에 맞게 계획을 세우는 것이다. 당신이 한 시간 동안 볼 수 있는 쪽수, 동영상 강좌수, 푸는 문제 개수 등을 미리 파악하고 거기에 맞춰 계획을 세워라.

당신의 하루 공부 시간은 얼마인가? 계획대로라면 하루 몇 시간 공부해야 지킬 수 있나? 냉정하게 판단해 보자. 혹시 평균 10시간 공부하는데 12시간 공부해야 지킬 수 있는 계획은 아닌가?

왜 애초부터 불가능한 분량을 정해 놓고 끊임없이 자신을 자책하며 몰아세우는가?

안다! 당신 마음. 이 책 저 책, 이 문제 저 문제 다 봐야 할 것 같은 조급함에 절대 자신의 능력에 맞는 계획을 세울 수 없다. 그러다 보니 늘 계획을 무리하게 세우게 되고 어김없이 못 지킨다. 되풀이되는 자책과 압박감의 악순환, 이 악순환에서 벗어나려면 눈 딱 감고 당신이 할 수 있는 분량만큼만 계획을 세워야 한다.

혹시 당신은 현실적으로 공부 계획을 줄이면 자동으로 시간도 따라 줄 거라는 어리석은 불안감을 느끼는 건 아닌가? 계획을 줄인다고 공부 시간이 주는 게 아니다. 현재 공부를 6시간밖에 못하는데 하루 6시간짜리 계획을 세우면 공부량이 준 건가? 어차피 내가 최대한 노력해서 공부하는 시간이 6시간이다. 6시간짜리 계획을 세워서 내 공부시간이 6시간이 된 게 아니라는 것이다. 10시간 계획을 잡는다고 온전히

10시간을 할 수 있나? 못한 만큼 자책하고 압박감만 느낄 뿐이다.

6시간 공부 계획을 세웠더라도 그날 집중이 잘돼서 더 많이 할 수 있으면 더 하면 된다. 내일 공부 당겨서 하는 것 막을 사람 없다. 이렇게 되면 얼마나 마음이 가볍겠는가?

계획을 지켰다는 뿌듯함과 성취감이 들면 공부를 더 하고 싶은 의욕과 자신감이 생긴다. 그 자신감으로 인해 집중력이 높아지면 공부 시간이 6시간에서 8시간으로, 8시간에서 10시간으로 점점 올라갈 것이다.

둘째, 매일 계획을 체크하라

장기간 수험 공부에서 계획을 세우고 체크하는 것은 필수이다.

스스로 체크하고 기록하면 무엇을 하고 있는지, 무엇을 해야 하는지 명확히 눈에 들어오므로 마음이 흐트러지지 않는다. 체크하는 습관이 없으면, 아무것도 할 수 없다.

과목		실용국어				영어 문법			
날짜	표시	내용	1일 후	1주일 후	1개월 후	내용	1일 후	1주일 후	1개월 후
9월 3일	1	~30p	1			1단원	1		
4일	2	~60p	1 2			2단원	1 2		
5일	3	⊗	1 2				2		
6일	4		2			⊗	2		
7일	5		2						
8일	6								
9일	7								
10일	8								
11일	9								
12일	10			1				1	
13일	11		1				①2		
14일	12		1	2			②		
15일	13		1 2						
16일	14								
17일	15								
18일	16								
19일	17								
20일	18							1	
21일	19							2	
22일	20			1 2					
23일	21								
24일	22								
25일	23								
26일	24								

앞 계획 체크표를 활용하면 반복 주기를 체계적으로 관리할 수 있는 장점이 있다.

9월 3일 실용국어 30쪽까지 공부했다. 30쪽까지 1일 후 복습한 것을 '1일 후' 칸에 해당 표시 숫자를 적어서 표시한다. 1일 후 복습이 완성될 때까지 계속 표시를 한다. 9월 5일 하루 복습이 완성되었다.

이제 1주일 후 복습을 위해서 '5일＋7일' 해서 9월 12일 '1주일 후' 복습 칸에 해당 표시 숫자를 쓴다. 9월 12일 1주일 후 복습을 했는데 다 기억나지 않았다면 다시 1일 후 복습 칸에 표시를 하면서 공부를 한다. 9월 15일에 다시 하루 복습이 완성되면 다시 '15일＋7일' 해서 9월 22일에 1주일 후 복습 표시 숫자를 쓴다.

이런 식으로 자신의 공부를 매일 체크하고, 만약 계획을 지키지 못했다면 그 이유도 함께 간단히 적자.

9월 5일 〈국어〉 못한 이유: 전날 밤에 인터넷 서핑하다 늦게 자는 바람에 하루 종일 졸음이 와서 집중하지 못했다. 집에 들어가서 습관적으로 컴퓨터를 켜는 버릇을 없애야겠다.

9월 6일 〈영어〉 못한 이유: 집중해서 계속 공부를 했지만 〈영어〉 문법을 다 못 마쳤다. 분량을 과도하게 잡은 것 같다. 다음 주에는 공부 분량을 5쪽으로 줄여야겠다.

셋째, 계획을 매주 수정하라

공무원 시험은 장거리 경주다. 장기간의 경주에서 이기려면 문제가 없기를 바라기보다는 문제가 생겼을 때 잘 대처하는 지혜를 갖는 것이 바람직하다. 아래 방법을 참고하면 계획을 적절히 수정할 수 있다.

1주일 정도 계획을 체크한 뒤, 계획의 80% 이상을 못 지켰다면 쿨하게 공부량을 줄이거나 공부 수준을 낮춘다.

❶ 공부량 줄이기

① 매일 실용국어 10쪽씩을 퀴즈로 만들기로 했는데, 1주일간 해보니 매일 1시간씩 공부 시간이 초과해 다른 공부에 지장을 준다. 그럼 1시간 분량을 줄여 7쪽으로 계획을 잡는다.

단, 공부량을 줄일 때 마무리 일정을 계산해 본다. 7쪽으로 줄였을 때 10쪽씩 잡았을 때와 비교해서 얼마나 계획이 밀리는지 비교해 보고, 이후 스케줄에 지장이 없는지 판단한다.

만약, 과목 스케줄에 중대한 차질이 생길 것 같으면 다른 과목 중 미뤄도 되는 일부분을 잠시 보류한다. 예컨대 〈영어〉 문법 문제 풀이에 1시간 배정하던 것을 줄여서 〈국어〉 공부에 1시간 넣어 주는 식으로 말이다.

② 기억의 저장 원리를 생각해 시험장에서 기억날 만큼 반복할 수 있는 시간이 없다면 통째로 그 부분을 날려 버린다. '이걸 시험장에서

생각날 만큼 반복하려면 얼마나 시간이 걸릴까? 내가 그 시간을 낼 수 있을까?' 라는 질문에 대한 답을 기준으로 판단해라. 기억에 남지 않는 공부는 시간 낭비이기 때문이다.

필자는 〈헌법〉 조문 외울 때 국회법 등 자잘한 것은 보지도 않았다. 몇 번 읽는다고 기억에 남지도 않을뿐더러 문제도 맞힐 수 없으니 그냥 다 날려 버렸다.

p.s. 〈헌법〉의 국회법 등을 보지 말라는 이야기가 아니라, 필자는 헌법 기본서를 다 외우고 가기엔 시간이 너무 촉박했기 때문에, 중요도와 기억의 원리에 따라 선택과 집중을 했다는 말이다. 만약 시간이 충분했다면 공부했을 것이다.

③ 공부 단계를 지킨다. 기출문제집을 푸는 데 생각보다 시간이 많이 걸려 예상문제집을 풀 시간이 없는 경우, 기출문제집을 덜 풀고 예상문제집을 풀어야 할까? 아니면 예상문제집을 포기해야 할까?

앞에서 누차 강조했듯 기출문제집을 다 암기한 후, 예상문제집을 푸는 것이 좋다. 시간이 부족하다면 예상문제집은 포기한다.

❷ 공부 수준 낮추기

〈한국사〉 암기 1회독을 하는 데 시간이 너무 많이 걸린다. 분량을 많이 잡은 거라면 줄이면 되지만 그게 아니라면 중요한 부분만 외우면 되는데 다른 부분까지 신경 쓰고 있는 건 아닌지 살펴본다. 시간이 허락하는 만큼 중요한 부분 위주로 외운다.

당신이 계획을 체계적으로 세우고 수정하는 능력을 익혀 합격으로 나아가길 기원한다.

필기 3관왕의 필승 노하우

김지혜(서울시 공무원)

수험 기간 : 2014년 8월부터 공부 시작
합격 시험 : 2015년 6월 교육행정직 9급 최종 합격

친구 하나 없이 혼자서 공무원 공부를 시작하면서 시행착오를 참 많이 겪었습니다. 대학교에서 시험 전 벼락치기로 A⁺를 받던 그 오만함으로 공시에 뛰어들었죠. 공부법 같은 건 전혀 몰랐습니다. 그런 게 필요한지조차 몰랐었죠. 새로운 걸 강의를 통해 얕팍하게 아는 건 참 흥미 있는 일이었지만, 결국 밑 빠진 독이라는 걸 확인하는 데는 시간이 그리 오래 걸리지 않았어요. 얼마간의 헛다리 짚기 후, 김미화 코치님께서 '9꿈사(9급 공무원을 꿈꾸는 사람들)' 사이트에 올려주신 합격 수기를 만났고 그 후에 미화 샘의 개인 블로그 글을 보며 처음으로 따라 하고 싶은 '공부법'이라는 것이 생겼어요.

1년 만에 합격? 솔깃했지만 나도 진짜 할 수 있겠다는 생각이 들진 않았어요. 공부법을 적용하는 데도 시행착오라는 게 존재했으니까요.

합격에 도움을 준 인출식 퀴즈법

코치님의 공부법 중 제가 힌트를 얻어서 효과를 본 부분은 퀴즈식 공부법입니다. 머리에서 생으로 바로바로 인출하게 만드는 참 신선한 방법이었죠. 하지만 저는 예쁘게 필기하는 것을 중요하게 생각했던지라 기본서 여백에 퀴즈를 적지는 않았습니다. 100% 똑같이 모든 걸 따라해야 합격한다는 생각은 버리고 공부법의 핵심만 잡아서 자신에게 꼭 맞게 적용하는 것이 중요한 것 같습니다. 그래야 나한테 어울리는 나만의 방식에 확신을 가질 수 있기 때문이죠.

그래서 교재 여백에 퀴즈를 적지 않는 대신, 기본서 중 기출문제로 만든 ○×가 좌우에 배치된 책을 선택했습니다. ○× 답을 다 지우고, 기본서를 보기 전 그 ○× 문제를 먼저 풀었습니다. 기출문제로 만든 것이므로 가장 중심이 되는 내용이었고, 그래서 빠르게 그 내용에 대해 내가 아는지 모르는지를 체크할 수 있었습니다.

그 외에 퀴즈로 덕을 본 것은 기출문제집을 풀고 나서 틀린 것을 모두 정리해 퀴즈식 오답 노트를 만든 것입니다. 단원별 기출문제집을 모르는 것이 없을 때까지 틀린 것을 체크하고 모르는 것만 반복 학습한 뒤 시행처별 기출문제집을 한 회씩 시험 치듯이 풀었습니다. 그렇게 하니 한 번씩은 보았던 문제들이므로 오답의 양이 점점 줄어들더라고요. 엑셀로 모르는 지문만 괄호를 채우기나, ○×를 이용해서 오답 정리를 하고 그걸 시험 전에 몇 번만 공부해 줬어요. 아주 모르는 것만 남기 때문에 구석진 곳에서 출제되는 폭탄 문제까지 대비할 수 있었습니다. 퀴즈로 만들어서 다음처럼 인출식으로 공부하니 생소한 것들도 오래 기억에 남았습니다.

고려: 승려나 지리업의 종사자에게 지급 → 조선: 준공신에게 지급한 토지	별사전
월정사 8각 9층 석탑: 시기? (　　) 영향	고려 전기 석탑, 송의 영향
농지개혁법을 통해서 토지 보상금을 수령한 대다수의 중소 지주층은 산업자본가로 전환 ○×?	X 토지 대금으로 받은 지가 증권의 현금화가 전쟁으로 인한 인플레이션 현상으로 힘들어짐 & 전쟁 중에 대부분 매매하여 산업자본으로 전환 X

자신감을 유지하는 데 필수인 마인드 컨트롤

코치님의 공부법 중 또 하나 가장 감사하게 생각하고, 다른 수험생들에게도 꼭 알려드리고 싶은 것은 마인드 컨트롤 부분입니다. 공부법에 확신을 가지는 것보다 더 중요한 것은 자신감을 유지하는 일이죠. 수험 생활을 즐거워하는 사람이 얼마나 될까요? 코치님 합격 수기 중 가장 충격적이었던 것이 수험 생활을 즐겁게 했다는 부분이었어요. 저 또한 외부와의 연락을 모두 끊어 버리고 '수험생은 원래 이래야 해' '수험생은 누구나 힘든 거야'라며 점점 어둠의 자식이 되어 가고 있었습니다. 그런데 코치님 수기를 읽고 누구나 그런 건 아니구나 하고 깨달았습니다. 이걸 알게 된 것만으로도 정말 다행이라 생각합니다.

EFT 통해 정화와 치유의 시간을 갖다

코치님 블로그에서 EFT를 처음 접했는데, 아주 간단한 동작을 통해서 불안한 마음을 숨기지 않고 치유할 수 있게 되었습니다.

저도 나름 긍정적인 사람이라고 생각했는데 어느 순간, '나는 할 수 있어' 라는 말이 아무런 감정 없는 가식적인 말이라고 느껴졌어요. 난 못하겠다, 시간이 흘러가는 게 너무 무섭다는 두려움을 무시하기 위해 말로만 할 수 있다고 기계적으로 내뱉고 있던 거였죠. EFT를 통해 이 부분을 많이 고칠 수 있었습니다.

시험을 앞두고 스퍼트를 내지 못하고 자꾸 뒷걸음치던 날, 외울 게 너무 많아서 〈국사〉 공부할 시간만 되면 게으름을 피우던 날, 합격하지 못해서 우리 가족의 행복을 깰까 봐 두려웠던 날, 쉬지 않고 달려온 탓에 앉아 있기도 싫었던 날이었습니다. EFT를 통해 정확한 원인을 찾고 마음을 다독이면서, 시원하게 한번 울고 정화의 시간을 가지자 다시 일어설 수 있었어요.

입으로만 '난 할 수 있어' 라고 말하지 말고, 자신의 마음속을 깊이 들여다보고 힘든 마음을 치유해 주세요. 무엇 때문에 지금 힘든지, 왜 공부가 하기 싫은지 자꾸만 물어보세요. 정확하고 세밀하게 자신의 마음을 파악하면 큰 슬럼프에 빠지지 않고 꾸준히 앞으로 나아갈 수 있어요.

자신을 믿는 마음이 중요하다

코치님께서 하셨던 말이 생각나네요. '합격할까 못할까보다는 수석일까 아닐까를 고민하세요.' 시험일이 다가오면 누구나 '여태 나는 뭘 한 거지?' 하는 생각이 들 겁니다. 저도 필기 3관왕을 했지만, 항상 시험 하루 전날엔 '이번에는 열심히만 치고 다음번에 꼭 붙자' 이런 생각을 했습니다. 누구나 똑같다는 거, 정말 거짓말 같지만 진실인가 봅니다. 마음속 깊이 자신을 믿고 모두 합격하시기 바랍니다.

O! BRAIN
New start project

Part **6**

단기 합격 이끄는 28일 실천 프로그램

슬럼프 탈출 28일 프로젝트

긍정 마인드는 슬럼프 박멸제

하루는 끝나가는데 공부가 또 밀렸다. 낮은 모의고사 성적을 떠올리니 덜컥 불안하다. 이러다 진짜 시험에 떨어지면 어쩌지? 불안감과 걱정 때문에 좀처럼 다시 집중하기가 어렵다. 딱히 어디 아픈 곳도 없는데 며칠씩 쉬어도 계속 피곤하다. 소화도 안 되고 잠을 푹 자는 것도 어렵다.

수험생들이 많이 겪는 이런 슬럼프는 알게 모르게 부지불식간에 찾아오는 것일까?

아니다. 당신의 오늘 하루 일과를 살펴보면 미리 예상할 수 있는 일이다. 오늘 당신이 쌓고 있는 감정은 어떤 것인가? 성취감, 뿌듯함,

격려? 그렇다면 당신에게 슬럼프는 없다. 긍정 마인드는 슬럼프 박멸제이기 때문이다. 불안, 회의, 자책? 그렇다면 슬럼프가 찾아올 가능성이 높다. 뇌가 스트레스 호르몬을 팍팍 쌓고 있을 테니 말이다.

스트레스로 자기 절제 등 이성을 담당하는 뇌전(전전두엽)가 불안의 감정을 담당하는 뇌(편도체)를 더 이상 통제할 수 없으면 열심히 하자는 다짐만으로는 슬럼프를 극복하기 힘들다.

어떻게 하면 슬럼프에서 빨리 회복될 수 있을까?

다음은 그동안 수험생과의 코칭을 통해 얻은 노하우로 개발한 '슬럼프 탈출 28일 프로젝트'을 소개하고자 한다. 한 단계에 1주일씩 4단계이므로 총 28일이 걸린다.

- 1주차 집중력 향상: 퀴즈법 + 휴식(자신과의 화해)
- 2주차 자신감 상승: 똑똑반복법 + 긍정적 자기암시
- 3주차 추진력 충전: 합격 계획 세우기 + 운동
- 4주차 합격뇌 완성: 수정된 계획 적용 + 생활 단순화

이대로만 실천한다면 슬럼프를 슬기롭게 극복해 최적의 컨디션을 유지하며 합격으로 나아갈 수 있을 것이다.

'슬럼프 탈출 28일 프로젝트'를 시작하려면 당신의 현 상황 진단부터 하는 것이 우선이다. 다음에 제시된 원형 도표에 목표를 향한 본인의 현 상태를 표시해 보자. '목표'라고 적힌 원의 중심으로 갈수록 0점에 가까워 공부가 전혀 안 되는 상태, 원의 테두리로 갈수록 10점에 가까워 공부가 잘되는 상태이다. 원 가운데 네모 박스에는 본인이 목표로 하고 있는 시험의 명칭을 적는다.

예) 일반행정직 9급 합격, 출입국관리직 9급 합격

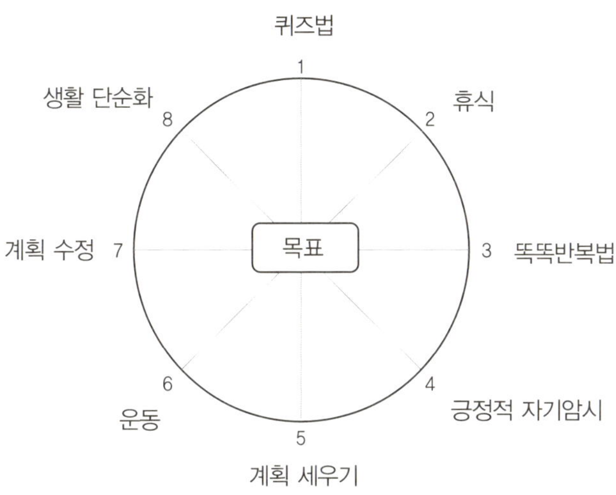

항목	0점	10점
1. 퀴즈법	너무나 수동적인 읽기 위주의 공부로 교재는 보지만 공부가 되는지 안 되는지 잘 알 수 없다	인출식 퀴즈법으로 공부의 성과가 착착 쌓이면서 성취감을 느낀다
2. 휴식	한 번 앉으면 2~3시간 내리 공부하고 1주일에 쉬는 날이 없다	적어도 1시간 공부에 10분씩은 쉬고, 1주일 중 하루는 쉬면서 충전한다
3. 똑똑반복법	제대로 반복하지 않아 틀린 문제를 매번 또 틀린다	똑똑반복법으로 공부해 한 번 공부한 건 절대 놓치지 않는다
4. 긍정적 자기암시	긍정적 자기암시를 거의 안 해 불안하고 우울하다	충분한 긍정적 자기암시로 자신감 있게 공부한다
5. 합격 계획 세우기	계획을 어떻게 세워야 하는지도 모르고 세워 본 적도 없다	합격 계획을 세워 체계적으로 공부한다
6. 운동	스트레칭 같은 가벼운 운동도 5분 이상 안 한다	틈틈이 스트레칭하고, 1주일에 2~3번 유산소 운동을 한다
7. 계획 수정	계획을 수정할 줄 몰라 계획 자체가 무용지물이 된다	계획을 수정하며 합격을 향해 흔들림 없이 나아간다
8. 생활 단순화	휴대전화, 인터넷, 취미 생활 등 공부를 방해하는 것들이 너무 많다	수험 스케줄 중심으로 생활이 단순하게 정리되어 있다

각 점수를 연결해 이어 보면 본인의 상황이 확연히 드러날 것이다. 표시한 점들을 연결해 보면 잘되고 있는 것은 무엇이고 부족한 부분은 무엇인지가 바로 감지될 것이다.

처음에는 아래 위쪽 그림처럼 찌그러져 있더라도, 제대로 프로그램을 수행한 28일 후에는 그 아래 그림처럼 모든 항목이 10점 가까운 원으로 바뀌어 있기를 바란다.

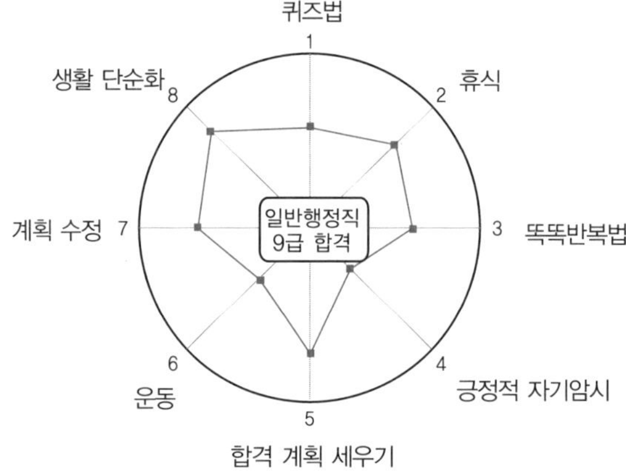

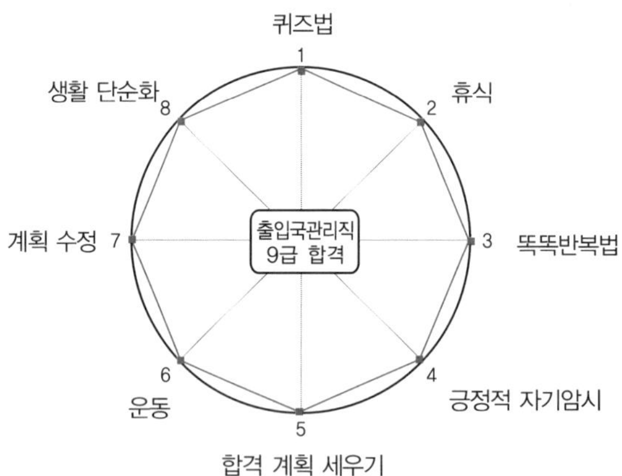

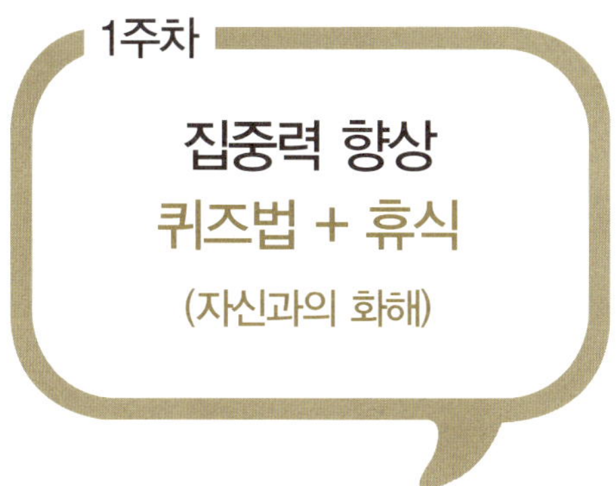

슬럼프의 여러 원인 중 가장 큰 것은 잘못된 공부 방법과 부족한 휴식 때문이다. 슬럼프 탈출 1단계는 공부 방법을 퀴즈식으로 바꾸어 뇌를 능동적으로 만들고, 뇌가 지쳐서 파업하기 전에 휴식을 취하는 것이다. 적절한 휴식을 통해 재충전의 시간을 주어 뇌가 능동적으로 돌아가게 만들면 집중력은 자연스레 향상된다.

퀴즈식 공부 실천

많은 수험생들이 집중력이 낮은 원인을 고민하면서 머리 탓을 한다. 하지만 인출식 퀴즈법을 도입하면 당신의 집중력은 놀랍도록 상승할 것이다. H양은 친구 연락이 오면 바로 놀러 나가는 등 흐트러진 생활로 인해 하루 공부 시간이 5시간도 채 안 되었다. 그런데 퀴즈식 공부법을 도입한 이후 공부 집중 시간이 늘어나고 친구들의 유혹도 단호히 뿌리칠 수 있게 생활 패턴이 바뀌었다. 그동안은 책을 기계적으로 읽기만 해서 공부가 제대로 되는지 어떤지 알 수가 없었고, 흥미도 없었다. 성과도 없고 지루하기까지 한 일을 억지로 해야 하니 뇌에서는 스트레스 호르몬이 팍팍 나왔다.

반면, 퀴즈법을 활용하면 '아, 이게 공부가 되는 느낌이구나' '내가 노력하면 이만큼 아는 게 늘어나는구나' 라며 알아가는 재미가 생기므로 뇌는 그 즐거움과 기쁨을 반복해서 느끼려고 공부를 좋아하게 된다.

공부하는 것 자체로 뇌에서 즐거운 호르몬이 나오니 친구의 유혹도 뿌리칠 수 있는 결단이 생기는 것이다. 그동안 친구들 유혹에 뛰쳐나간 건 '지겨워 죽겠어~ 날 여기서 구해줘' 라는 뇌의 비명이었던 것이다. 현재 당신의 공부 스타일에 퀴즈법을 어떻게 도입하면 좋을까? 하나씩 살펴보기로 하자.

셀프 코칭

- 우선적으로 적용하고 싶은 과목은 무엇인가?

____

- 그 과목에 어떻게 인출식 퀴즈법을 적용할 것인가?

____

____

- 인출식 퀴즈법을 적용하면 어떤 변화가 일어날 것 같은가?

- 인출식 퀴즈법을 적용하는 데 예상되는 어려움은 무엇인가?

- 어려움을 해결하기 위해서는 우선 무엇을 하면 좋은가?

- 퀴즈식 공부로의 변화를 몇 퍼센트나 실천할 수 있겠는가?

- 100퍼센트 실천을 위해서는 어떤 것이 필요한가?

- 실천을 잘하기 위한 본인의 장점은 무엇인가?

- 퀴즈식 공부를 실천하는 본인의 모습을 구체적으로 떠올리면 어떤 느낌이 드는가?

구체적 상상으로 실천력을 이끌어 내자

이번 장에서는 각 항목마다 실천 계획을 짜기 위한 코칭 질문을 던질 것이다. 현명한 질문에는 현명한 답이 나오기 마련이다. 질문에 정성껏 답을 하면서 실천하고 변화해 가는 스스로의 모습을 생생하게 그려 보자.

뉴욕대학교 심리학과 교수 피터 골비처(Peter Gollwizer)는 학생들에게 크리스마스를 어떻게 보냈는지 리포트를 제출하면 추가 점수를 준다고 했다.[6] 점수를 더 받으려면 12월 26일까지 리포트를 제출해야 한다. 한 그룹은 그냥 제출하라고 했고, 다른 그룹은 정확히 언제 어디서 리포트를 쓸 것인지 미리 적어 두게 했다. 미리 계획하게 하는 것이 바로 행동 계기에 해당한다. 어떤 그룹의 제출률이 높았을까?

그냥 제출하라는 그룹은 33%만이 제출했고, 언제 어디서 리포트를 쓸 것인지를 미리 적게 한 그룹은 75%의 학생들이 리포트를 제출했다고 한다.

크리스마스 연휴 바쁜 일정 중에 리포트 작성 시간을 확보하려면 '25일 아침 6시에 일어나 내 방에서 2시간 동안 리포트를 쓴다' 등과 같은 구체적 시간과 장소가 포함된 계획이 필요하다. 이것이 없으면 24일 저녁 모임에서 흥겹게 놀 마음에 들떠 밤새 놀다가 25일 피곤하면 '나중에 해야지……' 하면서 푹 쉬게 되고, 26일에도 종교, 가족 행사가 있으면 거기 참여하다 어느새 시간이 후딱 지나가는 것이다.

---

6) 칩 히스 · 맨 히스, 《스위치》, 웅진지식하우스

구체적 계획 없이 휴일을 보내게 되면 별로 한 것도 없이 시간이 지나간다. 얼마나 쏜살같이 흘러가는지 다들 경험해 봤을 것이다.

그러니 여러 개의 코칭 질문을 그냥 넘기지 말고 다음의 스마트(SMART)한 실천 계획이 나올 때까지 답해 보자. 구체적 계획만이 실천력을 높일 수 있다.

Specific – 구체적인: 공부 방법을 바꿔야겠어 → 〈한국사〉 기출문제집 20쪽을 풀고 틀린 것을 퀴즈로 만들어야지

Measurable – 측정 가능한: 공부 중간 틈틈이 쉬어야겠어 → 50분 공부하고 10분 쉬어야지

Action oriented – 행동 지향적으로: 나를 응원해야지 → 매번 공부 시작 전에 나를 응원하는 문구 5개를 적고 시작하겠어

Realistic – 현실성 있게: (현재 평균 공부 시간 5시간인 수험생이) 매일 10시간을 목표로 공부할 거야 → 다음 주는 1시간만 늘려 6시간 공부해야지

Time limited – 시간을 정해서: 기출문제집 다 풀어야지 → 기출문제집을 3월 20일까지 다 풀어야지

휴식

❶ 당신이 속고 있는 집중력의 진실, 3시간 동안 안 쉬고 공부했다
는 건 결코 자랑이 아니다

적어도 1시간을 공부했으면 10분은 쉬어라. 한번 자리에 앉으면 자
리를 뜰 줄 모르는 수험생을 보면 '우아~ 어떻게 저렇게 집중력이 대
단하지?' 라며 따라하려는 수험생이 많다. 그런데 3시간 이상 줄기차
게 앉아 공부하는 것이 가장 비효율적이라면? 틈틈이 쉬면서 짧게 공
부할수록 기억력에 효과적이라면?

한 학습 과학 실험에서 과학자들은 실험 대상자들을 세 그룹으로
나누고 이들에게 읽을거리를 주었다. 첫 번째 그룹에는 3시간 이상,
두 번째 그룹에는 50분, 세 번째 그룹에는 30분의 시간을 주고 책을
읽은 뒤의 기억력을 체크해 보았다.

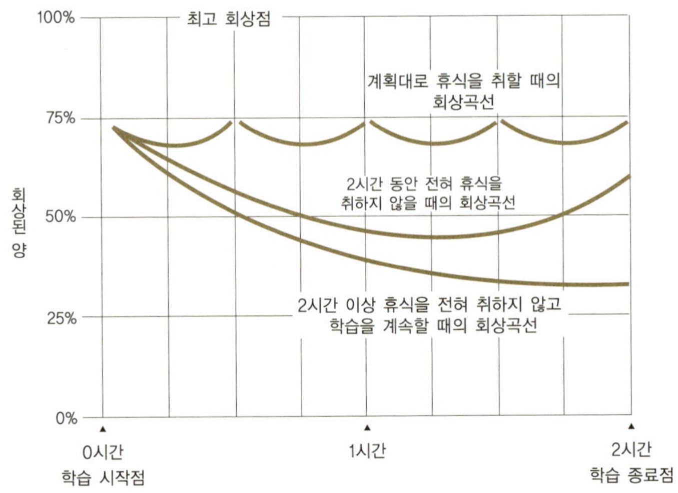

모든 그룹에서 공부 초기와 막바지 때의 내용을 더 잘 기억했다. 우리 뇌는 공부 시작하고 마칠 때 내용을 더 잘 기억하는 경향이 있기 때문이다. 그래프를 보면 공부 시간이 길어질수록 기억력이 계속 떨어지고 공부 시간이 짧을수록 기억력이 높아진다는 사실을 확인할 수 있다.

그러니 억지로 앉아 있으면서 뇌를 고문하지 말고, 당신이 집중할 수 있는 시간만큼만 짧게 끊어서 공부하자.

❷ 정기적으로 1주일 중 하루는 쉬어라

최선을 다한다는 것은 어떤 것일까? 혹시 힘들게 벼랑 끝으로 자신을 몰아가는 것이라고 생각하는 건 아닌가? 최선을 다한다는 것은 공부에 편안하게 몰입하고 목표량을 달성하면서 뿌듯하게 하루를 마무리하는 것이다. 결코 휴식도 없이 전전긍긍 자신과 씨름하는 게 아니다.

며칠 열심히 공부하고 나면 그 다음에는 기운 없어 며칠씩 쉬는 수험생 L양. L양은 밥 먹거나 화장실 갈 때 빼고는 자리에서 일어나지도 않고 계속 공부하며 하루도 쉬지 않는다. 몸과 마음이 지쳐 가고 있는데도 오히려 최선을 다하고 있는 증거라며 만족해하고 있었다. 그리고 며칠 후 몸과 마음이 지쳐 공부를 며칠 동안 쉰다. 몸을 간신히 추스린 L양은 의지박약에다 정신 못 차린다고 자신을 다그치는 생활이 반복된다. 휴식 없이 공부를 하다 며칠 쉬는 것은 공부에 아무 도움도 되지 않는다. 제대로 쉬어야 재충전이 되어 공부를 끝까지 지속할 수 있다.

어떻게 쉬어야 잘 쉬는 걸까? :

쉬는 날 당신의 모습은 어떠한가?

혹시 점심때나 되어서야 일어나서 밥 먹고 다시 하루 종일 소파에 누워 텔레비전 채널을 이리저리 돌려 보다가 잠드는 건 아닌가? 이런 식으로 쉬면 몸도 마음도 찌뿌둥해져서 다음 날 더 피곤해진다.

휴식은 몸과 마음을 효과적으로 충전시켜 다음 한 주를 새롭게 시작할 힘을 얻는 것이지 있는 대로 푹 퍼지는 것이 아니다. 휴일을 잘 보내기 위해 다음을 고려하자.

① 일어나고 자는 시간은 평상시와 비슷하게 한다

우리 몸에는 일정한 생체 리듬이 있는데, 일어나고 자고 밥 먹는 시간을 규칙적으로 해야 몸의 바이오 리듬이 그대로 유지된다. 휴일에 1시간쯤 더 잘 수는 있지만 3, 4시간씩 늦게 일어나면 몸의 리듬이 깨져서 다음 날 더 피곤해진다. 중간에 낮잠을 자더라도 일어나는 시간은 평소와 비슷하게 해라.

② 굳은 몸을 풀어 준다

스트레칭을 통해 어깨, 허리, 다리 등 몸 곳곳에 쌓인 긴장과 피로를 풀어 주자. 소파에 하루 종일 널브러져 있으면 오히려 몸에 피로만 더 쌓일 뿐이다. 스트레칭뿐 아니라 1시간 내외의 가벼운 산책이나 조깅을 하는 것도 몸과 뇌에 좋다.

③ 자신과 화해하는 편지 쓰기

몸뿐만 아니라 마음이 쉬어야 제대로 쉬는 거다. 집중적인 공부로 당신의 뇌는 항상 피곤하다. 이 피로를 풀어 주는 최고의 회복제는 인정, 칭찬, 격려, 용서다. 걱정, 자책, 불안의 감정으로 쉬면서도 계속 자신을 들들 볶으면 그것은 결코 쉬는 것이 아니다. 진정한 마음의 휴식은 자신과 화해할 때만 가능하다. 자책, 후회로 가득한 사람은 그런 자신과 화해하는 편지를 쓰는 것도 뭉친 마음을 다독이는 데 큰 도움이 된다.

특히, 가만히 있어도 습관적으로 부정적 생각이 떠오르는 사람은 몸을 움직이자. 산책 등 운동을 하면 마음이 상쾌해지면서 머리의 복잡한 생각을 비울 수 있다.

❸ 하루 7시간씩 충분히 자라, 낮잠도 좋다, 잘 자야 합격할 수 있다

• 잠

잠을 푹 자서 머리가 맑아야 공부가 잘되는 것은 물론, 공부한 내용 모두가 당신 것이 된다. 스펀지와 나무토막을 물에 담가 보자. 스펀지와 나무토막의 차이는 무엇인가? 스펀지는 물을 쫙쫙 흡수하지만, 나무토막은 표면만 젖을 뿐이다. 당신이 잠을 제대로 못 자면 당신의 뇌도 나무토막처럼 공부한 내용을 흡수하지 못한다. 마음이 급할수록 잠을 줄여 가며 공부 시간을 늘리려고 하는데 그러지 마라. 내용 흡수가 안 된다. 혹시 당신은 그러고 있지 않은가?

자는 것도 어떻게 보면 공부의 일환이다. 새로운 지식을 당신 것으로 만들기 위해서는 6시간 이상 잠을 자야 하기 때문이다. 우리 뇌는 자는 동안 배운 것을 정리하고 필요한 것은 저장하고 쓸모없는 것은 버린다. 그래서 벼락치기로 밤을 새워 공부한 것은 이런 과정이 없기 때문에 시험이 끝나면 바로 까먹는 것이다. 잠을 자면서 기억력을 보존하는 과정이 없었기 때문에 그냥 휘발되는 것이다.

• 낮잠

낮잠, 당신은 어떻게 생각하는가? 이 중요한 수험 기간에 낮잠을 잔다는 건 나태함의 표상일까? 아니면, 필요한 것일까? 결론을 말하자면 낮잠이 뇌의 피로를 풀어 집중력을 높여 주기 때문에 30분 정도 자 두는 것은 좋다.

또한, 낮잠은 나태함의 표상이 아니라 뇌의 효율을 높이기 위한 자연스러운 현상이다. 보통 밤에 충분히 자더라도 생체 리듬상 기상 후 8시간이 지나면 졸음이 몰려오기 때문에 아침 7시에 일어났다면, 오후 3시쯤이면 졸리는 게 정상이다. 그러므로 뇌와 몸의 피로를 회복하기 위해 짧은 낮잠을 즐기자.

셀프 코칭

• 당신의 휴식은 충분한가?

- 매일의 휴식을 어떻게 보내면 좋을까?

  예) 50분 공부 후 10분 휴식, 휴식할 때 스트레칭과 자기암시 하기

- 낮잠은 언제 어디에서 얼마큼 자면 좋을까?

- 휴식을 위해 규칙적으로 언제 쉬면 좋을까?

- 당신에게 가장 좋은 몸 쉬는 방법은?

- 당신에게 가장 좋은 마음 쉬는 방법은?

위와 같이 휴식을 갖는 것과 그렇지 않은 것은 당신의 공부에 어떤 차이를 가져올지 진지하게 사색해 보자.

낮잠보다 커피를 마셔서라도 잠을 깨워야 하는 것 아닐까? :

낮잠은 나쁜 것이 아니다. 커피를 마셔 억지로 각성시키는 것보다 낮잠을 통해 뇌의 피로를 풀어 주는 것이 훨씬 효과적이다.

셀프 코칭을 통해 생각한 1주차 실천 계획을 다음 표에 적고, 매일 매일 ○×로 실천 여부를 체크하자.

1주차 실천 계획 – 휴식 및 퀴즈법	월	화	수	목	금	토

1주차의 휴식을 통해 몸과 마음이 회복되고, 퀴즈식 공부를 통해 집중력이 높아졌을 것이다. 그렇다면 이제 2주차에는 1주차 실천의 연장선상에서 3장에서 배운 똑똑반복법과 1장의 긍정적 자기암시를 덧붙여 실천해 보자. 이 과정을 통해 자연스럽게 자신감이 상승할 것이다.

셀프 코칭

• 현재 당신의 공부 스타일에 똑똑반복법을 어떻게 도입하면 될까?

• 우선적으로 적용하고 싶은 과목은 무엇인가?

- 그 과목에 똑똑반복법을 어떻게 적용하겠는가?

- 똑똑반복법을 적용하면 어떤 변화가 일어날 것 같은가?

- 똑똑반복법을 적용하는 데 있어 예상되는 어려움은 무엇인가?

- 그 어려움을 해결하기 위해서는 무엇을 하면 좋겠는가?

- 똑똑반복법을 몇 퍼센트나 실천할 것 같은가?

- 100 퍼센트 실천을 위해서는 어떤 것이 필요한가?

- 실천을 잘해 낼 수 있는 본인만의 장점은?

• 똑똑반복법을 실천하고 있는 본인의 모습을 구체적으로 떠올리
면 어떤 모습이 상상되는가?

____

____

2주차 실천 계획

셀프 코칭을 통해 생각한 2주차 실천 계획을 다음 표에 적고, 매일
매일 ○×로 실천 여부를 체크하자.

2주차 실천 계획 – 똑똑반복법 및 긍정적 자기암시	월	화	수	목	금	토

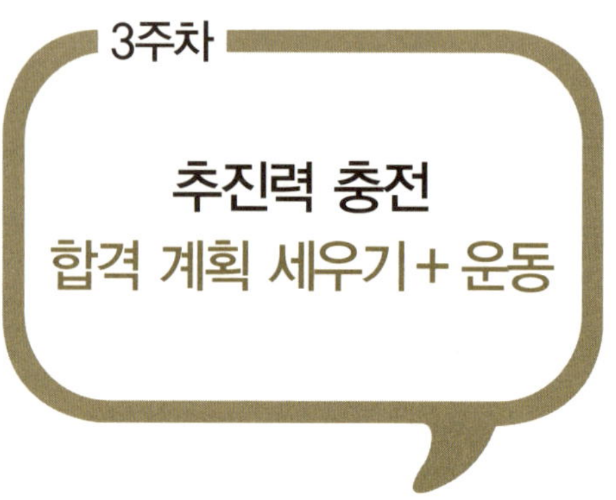

1, 2주차를 거치면서 점점 자신감과 함께 승리의 고지가 눈앞에 보일 것이다. 희망의 날개를 달고 합격으로 나아가기 위한 세부 계획을 세우고 운동을 시작해 보자.

합격 계획 세우기

공부 계획을 1주차에 세우지 않고 3주차에 넣은 것은 제대로 된 공부 방법을 익혀야 제대로 된 계획을 세울 수 있기 때문이다. 계획을 집이라고 하면 공부 방법은 그 집을 쌓는 벽돌이다. 작고 약한 벽돌로는 부실한 집밖에 지을 수 없다. 벽돌부터 크고 튼튼하게 만드는 것이 우선순위다. 1, 2주차를 지나면서 당신만의 크고 튼튼한 벽돌이 어느 정도 만들어졌을 것이다. 5장의 단기 합격 로드맵을 참고하여 멋진 합격 계획을 세워 보자.

셀프 코칭

• 합격 계획은 언제 세울 것인가?

• 계획을 세우면 어떤 점이 좋은가?

• 계획을 세우는 데 있어 장애물은 무엇인가?

• 장애물을 해결하는 나만의 방법은?

• 합격 계획 세우기를 새롭게 시도하는 자신에게 해줄 응원의 말은?

머리가 똑똑해지는 운동

체력이 바탕되어야 합격할 때까지 공부를 지속할 수 있다. 당신은 시험 당일까지 완주할 수 있는 체력인가? 체력을 유지하기 위해 어떤 노력을 하고 있나?

운동은 체력뿐 아니라 머리도 똑똑하게 만들어 준다. 미국 센트럴 고등학교에서는 학생들에게 운동장 1.6km를 수업 시작 전에 달리게 했는데, 1년 후 그렇지 않은 학생에 비해 읽기 능력이 17%나 향상됐다는 보고가 있다. 유산소 운동을 하면 뇌에 혈액이 충분히 공급되기 때문에 뇌 기능이 훨씬 활발해진다.

공부 중간 쉬는 시간에 5분씩 간단히 스트레칭을 하고, 1주일에 3번 정도 30분 이상 빨리 걷기, 줄넘기, 달리기 같은 유산소 운동을 하자. 유산소 운동을 강조하는 이유는 팔굽혀펴기, 헬스 같은 근력 운동보다 인지 능력 향상에 더 도움이 되기 때문이다.

셀프 코칭

- 당신은 어떤 운동을 하고 싶은가?

- 어떤 운동이 노력을 덜 들이고 꾸준히 할 수 있겠는가?

• 운동을 꾸준히 하기 위해 필요한 것은 무엇인가?

____

____

• 운동을 방해하는 가장 큰 요소는 무엇인가?

____

____

• 그것을 어떻게 하면 해결할 수 있겠는가?

____

____

• 운동을 하기 위한 최적의 시간과 장소 환경은?

____

____

스톱워치로 순수 공부 시간 체크하기

당신이 실제로 공부에 집중하는 시간을 스톱워치로 체크해 보자. 매일 스톱워치로 공부 시간을 재는 것이 버겁다면 처음 1주일 정도만 체크해 보자. 쉬고 밥 먹는 시간은 당연히 제외하고, 교재를 보고 있더라도 졸거나 잡생각으로 지나간 시간 등 집중하지 못한 시간은 모조리 제외한다. 당신이 아침 9시부터 밤 11시까지 도서관에 14시간을 앉아 있더라도 순수 공부 시간은 8시간 정도밖에 안 될 수도 있다.

이렇게 순수 공부 시간을 체크하지 않으면 본인이 공부하는 시간이 실제로는 8시간인데 막연히 10시간은 넘었겠거니 하고 착각할 수 있다. 착각은 자유지만 책임도 자신이 져야 한다. 이런 식으로 몰입 시간을 체크해 보면 본인의 사소한 행동이 공부 시간에 어떤 영향을 미치는지 적나라하게 인식하게 되고, 따라서 집중의 고삐를 계속 유지하는 데 도움이 된다.

3주차 실천 계획

셀프 코칭을 통해 생각한 3주차 실천 계획을 다음 표에 적고, 매일매일 ○×로 실천 여부를 체크하자.

3주차 실천 계획 - 합격 계획 수립 및 운동	월	화	수	목	금	토

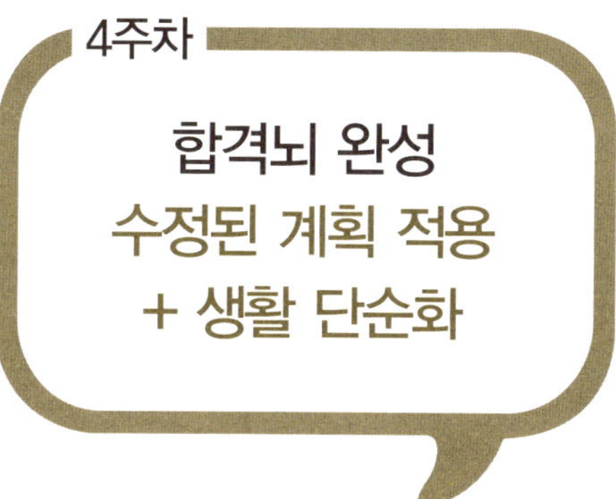

3주차를 지난 당신은 긍정지수가 급상승하면서 슬럼프의 우울한 그림자로부터 거의 탈출할 것이다. 이때가 생활을 단순화할 수 있는 적기다. 휴대전화 끊고, 친구들 안 만나기 등 생활을 공부 중심으로 단순화하려면 심리적 힘이 절대적으로 필요한데 3주간의 실천으로 생긴 자신감과 희망이 그 원동력이 될 것이다.

수정된 계획 적용

지난 1주일간 실천했던 공부의 성과를 바탕으로 계획을 다시 수정하고 수정된 계획을 4주차에 적용한다. 계획 수정하는 방법은 5장의 단기 합격 로드맵 계획 수정 부분을 참고한다.

생활 단순화

❶ 의지력을 버려라, 인내심 타령은 이제 그만!

의지력과 인내심만 발휘하면 공부를 잘할 수 있다? 아니다. 의지력을 발휘할 필요가 없는 사람이 공부를 잘하는 거다. 인내심을 발휘하고 자신을 통제하는 데는 힘(의지력)이 쓰인다. 일상에서 인내심을 발휘하고 자신을 통제해야 하는 상황이 많으면 그만큼 에너지가 그쪽으로 발휘되어 공부에 쓸 수 있는 에너지는 줄어든다. 그러니 공부를 잘하고 싶다면 불필요한 힘의 소비가 없도록 생활을 단순화시켜야 한다.

한 실험에서 대학생들을 두 그룹으로 나눈 후 한 그룹에는 초콜릿칩 쿠키를 먹게 하고, 다른 그룹에는 생무를 먹게 했다.[7] 그 후 학생들에게 수학 퍼즐 문제를 풀게 했는데(사실 답이 없는 문제) 초콜릿칩 쿠키를 먹은 학생은 19분 동안 34번 문제 풀이를 시도했고, 생무를 먹은 학생은 8분 동안 19번 시도했다.

왜 무팀은 반도 못 풀었던 걸까? 무팀에 모인 사람들은 모두 인내심이 떨어지는 것일까? 아니다. 무를 먹으며 인내심을 발휘하느라 에너지를 소모했기 때문이다. 옆에 있는 맛있는 초콜릿칩을 집어 들지 않기 위해 인내심을 쓰고, 맛없는 생무 먹는다고 억지로 참자니 문제를

---

7) 《스위치》 재인용, Roy F. Baumeister, Ellen Bratslavsky, Mark Muraven, and Dianne M. Tice(1998) "Ego Depletion: Is the Active Self a Limited Resource?" Journal of personality and social psychology 74, 1252–1265

풀 인내심이 떨어졌던 것이다.

선택하는 것 자체도 인내심을 고갈시킨다. 얼음물에 손을 넣고 버티는 실험에서 실험 후에 자신이 선물로 무엇을 받을지 미리 선택하게 한 집단이 그렇지 않은 집단에 비해 눈에 띄게 빨리 얼음물에서 손을 뺐다고 한다.

❷ 당신의 하루 속엔 얼마나 많은 선택과 유혹이 펼쳐져 있나?
스마트폰으로 신나게 인터넷 서핑과 게임을 하면서 도서관에 간다. 공부를 시작하면서부터 재미있는 스마트폰을 그만해야 한다는 아쉬움에 의지력을 소모한다. 공부하는 중간 '드르륵~' 친구의 만나자는 카톡 소리. 한참을 고민하다 만나지 않기로 한다. 만나고 안 만나는 사실이 중요한 것이 아니라 결정하는 과정 속에 또 한번 의지력이 쓰였다는 사실이 중요하다.

잠깐 쉴까 하면서 인터넷 서핑을 한다. 엇? 영화 광고가 번쩍이고 있다. 문구가 너무나 매혹적이다. 클릭해서 예고편을 보니 더욱 보고 싶은 마음이 든다. 더 검색하고 싶은 유혹이 굴뚝같지만 '공부해야지' 하는 마음에 억지로 참고 닫았다. 하지만 이 순간 당신은 또 의지력을 썼다.

공부 중에 거실에서 텔레비전 소리가 들려오니, 공부에 집중하다가도 솔깃 텔레비전을 보고 싶어진다. 왜 절제하려 하면 더 보고 싶은 걸까? 텔레비전을 보든 안 보든 당신은 유혹에 저항하는 과정에서 의지력을 계속 쓰고 있다.

이외에도 주변에 당신의 의지력을 실험하는 일이 얼마나 많은가? 의지력을 탓하지 말고 그냥 없애라. 그러면 당신의 에너지가 전부 공부에 집중되어 몰입을 훨씬 잘할 수 있다. 공부 잘하는 사람은 특별히 의지력이 높은 게 아니라 의지력을 발휘할 필요가 없도록 생활을 단순화시킨 것이다.

❸ 당신의 하루 일과를 일어나면서부터 잠들기까지 자세히 떠올려 보면서 해결책을 찾아보자

셀프 코칭

- 일과 중 선택을 해야 하거나 유혹에 빠지면서 의지력을 발휘하게 되는 모든 상황을 적어 보자.

  예) 공부 장소가 일정하지 않고 매일 집에서 할지 도서관에서 할지를 선택한다

  예) 휴대전화 문자나 카톡이 올 때마다 확인한다

  ____

  ____

- 그 선택이 당신 공부에 어떤 영향을 미치는지 적어 보자.

  예) 집에서 하면 쉽게 텔레비전을 보거나 잠을 자는 등 생활이 흐트러진다

  예) 친구들의 연락 내용에 마음이 흐트러질 때가 많다

- 이런 상황이 지속되면 1개월 뒤, 3개월 뒤, 시험 당일에 어떤 영향을 미칠까?

- 어떤 선택을 해야 하거나 유혹에 빠지는 상황 중 스스로 개선할 수 있는 방법을 적어 보자.

  예) 공부 장소는 무조건 도서관으로 한다

  예) 휴대전화를 없애거나 공부 중에는 완전히 꺼두고 공부 마치고 집에 가는 길에 하루 한 번만 확인한다

- 위 실천을 좀 더 쉽고 효과적으로 할 수 있는 방법과 환경 개선은?

- 위 과제를 실천했을 때 일어나는 변화는? 1개월 뒤, 3개월 뒤, 시험 당일 무엇이 좋아질까?

• 위 계획을 효과적으로 실천할 수 있는 본인만의 장점은?

____

____

4주차 실천 계획

셀프 코칭을 통해 생각한 4주차 실천 계획을 아래에 적고, 매일매일 O×로 실천 여부를 체크하자.

4주차 실천 계획 – 계획 수정 및 생활 단순화	월	화	수	목	금	토

4주차까지 슬럼프 탈출 프로젝트를 성공적으로 마쳤다면 당신은 합격에 필요한 모든 자격을 갖춘 것이다. 새롭게 익힌 습관이 아직은 어색해서 예전으로 돌아가고 싶을 수도 있고 흐트러질 수도 있다. 하지만 두 걸음 전진 후 세 걸음 후퇴, 그리고 다시 두 걸음 전진하면서 변화에 성공하는 것이 세상의 이치이다.

4단계 변화 과정

대부분의 변화 과정은 아래 4단계를 거친다.

① 무의식 ⋯ 안 함 → ② 의식 ⋯ 안 함 → ③ 의식 ⋯ 함 → ④ 무의식 ⋯ 함

❶ 무의식 … 안 함: 자신의 상태가 어떤지도 모르고, 모르니 아무 것도 안 하는 상태. 소크라테스의 '너 자신을 알라' 가 이 단계에 있는 사람에게 주는 따끔한 일침이 되겠다.

❷ 의식 … 안 함: 알지만 여러 가지 이유로 실천하지 않는 상태

❸ 의식 … 함: 의식적으로 힘을 써서 실천하는 상태, 바로 이 단계가 새로운 행동을 처음 개시하는 단계

❹ 무의식 … 함: 습관이 들어 자동적으로 의지를 실천하는 상태

28일이 지난 당신은 아직 '의식 … 함' 의 단계여서 조금 힘이 들 것이다. 이 단계에서는 당신의 행동을 의식적으로 체크하고 통제해야 하기 때문에 힘이 드는 게 당연하다. 긍정적 생각하기, 5분 휴식하기, 스트레칭 하기 등 간단한 행동도 평소 안 하던 패턴이었기 때문에 시도하는 것 자체에 정신적 에너지가 소모된다.

이 상태가 100일 이상 지속되면 '무의식 … 함' 의 단계로 들어가게 되어 애써 노력하지 않더라도 자연스럽게 새로운 행동을 할 수 있다. 새로운 습관이 몸에 배는 것이다. 새로운 시도가 튼튼한 습관으로 자리 잡으려면 최소 100일의 시간이 필요하다. 100일의 시간을 성공적으로 보내려면 사소한 것에도 칭찬받는 세 살배기 아이처럼 무조건적인 격려와 응원이 필요하다. 작심삼일이라면 3일에 한 번씩 결심하고

자신의 끝없는 시도에 박수를 보내라.

변화의 과정이 시행착오 없이 쉽게 얻어지는 경우는 드물다. 하지만 모든 변화의 첫단추는 시도하고자 하는 용기에서 시작된다. 처음부터 전체를 바꾸기가 어렵다면, 1주일에 하나씩만 실천하면 어떨까? 그러면 당신의 공부 스타일, 생활 습관, 생각 패턴 등이 모두 바뀔 것이다. 그리고 당신이 바로 지금부터 시작한다면 오늘과는 다른 멋진 미래가 펼쳐지고 합격일도 당겨질 것이다. 자, 이제 다시 시작이다!

끝날 때까지 끝난 게 아니다

이수민(가명, 일반행정직 공무원)

수험 기간 : 2014년 1월부터 공부 시작
합격 시험 : 2015년 6월 경기도 지방직 9급 최종 합격, 서울시 일반행정
직 9급 최종 합격

저는 서울 중상위권 정도의 대학을 나왔고, 영어는 처음 기출을 풀 때 70점 정도가 나왔습니다. 영어 과외를 수험 기간 동안 계속 했을 정도로 영어는 어느 정도 수준에 올라와 있었습니다. 7급을 목표로 공부했고, 비록 7급은 떨어지면서 제가 처음 세웠던 목표를 이루지는 못했지만 제 실력을 알기 때문에 9급도 너무나 감사하게 생각합니다.

저는 22살에 첫 수험 공부를 시작했습니다. 어렸던 만큼 체계적인 계획보다는 무모한 자신감을 갖고 공부했습니다.

저의 수험생활에 있어서 가장 큰 적은 자만심이었습니다. 7급 공부를 하면 9급은 당연히 쉽게 붙을 줄 알았고, 공부도 열심히 하지 않았던 것 같습니다. 다음 해 4월 국가직에서 0.02점 차로 떨어지면서 저의 자만심이 얼마나 어리석은 것이었나를 깨달았지만 후회하기엔 이미 시험이 눈앞에 닥쳐 있었습니다. 9급 시험은 이제 상향 평준화가 돼서 자신이 아무리 좋은 대학을 나와도 피나는 노력 없이는 합격하기

힘든 시험이 되어버렸습니다. 저는 운 좋게도 지방직, 서울시를 모두 합격할 수 있었지만 저의 나태했던 수험 생활의 원인에는 자만심이 크게 자리 잡고 있었습니다.

공부 시간

저는 변덕이 심해서 두 달에 한 번씩 공부 장소를 옮겼습니다. 집 앞 독서실, 도서관을 번갈아가면서 이용했고요. 노량진 실강은 3개월 동안 헌법, 행정법을 들었습니다. 너무 나태해져서 실강을 들었는데 정말 좋았습니다. 나태해지신 분들은 학원 실강 추천드려요.

저는 몸이 아파서 한 달 동안 아예 공부를 못한 기간이 있었고, 항상 체력이 약했기 때문에 공부를 평균 6시간 정도 했던 것 같습니다. 주말은 과외를 하느라 공부를 못했고요. 시험 막판에는 9시간 할 때도 있었지만 평소에는 6시간 정도밖에 하지 못했습니다. 제가 드리고 싶은 말은 6시간을 하더라도 올바른 공부 방법이라면 어느 정도 승산이 있다는 것과 6시간 이하로 공부를 해서는 절대 9급 시험에 붙을 수 없다는 겁니다. 시간이 어느 정도 절대량은 확보되어야 합니다. 저는 평균 8시간, 주말 중 하루 쉬는 걸 추천해드리고 싶습니다. 물론 시험 막판에는 더 해야겠죠. 공부는 양보다 질이 중요합니다. 남들이 얼마큼 하는지에 현혹되지 마세요.

국어 – 기본서 : 선재 국어, 문제 풀이 : 선재 기출, 선재 나침판 모의고사, 배미진 단원별 모의고사, 선재 국어 마무리

선재쌤 기본 강의 문법 파트만 들었습니다. 비문학, 문학은 자신이 있어서 듣지 않았는데 최근 들어 비문학, 문학의 비중이 높아지고 있어서 같이 듣는 게 좋을 것 같습니다.

저는 기본서를 꼼꼼하게 보는 것보다 기본서는 빠르게 보고 바로 기출로 넘어가는 방식을 택했습니다. 방대한 기본서 중에서 중요한 부분과 중요하지 않은 부분을 나누는 기준을 기출문제를 통해 알 수 있습니다. 이 방법은 모든 과목 공부에도 동일하게 적용됩니다.

선재 기출을 20번 넘게 풀고, 틀리는 부분은 기본서로 돌아가 개념 확인을 했습니다. 시험 두 달 전에는 배미진 단원별 모의고사를 들었는데 정말 많은 도움이 됐습니다.

시험 앞두고는 선재 마무리만 20번 봤습니다. 정말 강추입니다. 선재 마무리!

영어 – 보카바이블(노란색), 신성일555, 영어 기출

영어 수업은 따로 들은 것이 없습니다. 보카바이블 표제어만 외우고 신성일555는 하다가 포기했습니다. 시간이 없어서요. 저는 영어 기출 위주로 표현을 익히고 문법을 공부했습니다. 요즘 문법이 수능 스타일로 나와서 신성일555로 공부 못했다고 크게 문제 되진 않았습니다.

사실 영어 공부를 많이 못해서 결국 가장 제 발목을 잡는 과목이 됐습니다. 제가 공부 시간이 적은 이유가 영어 공부를 안 했기 때문입니다. 영어 공부 평소에 많이 해두셔야 합니다.

한국사 – 필기 노트, 5.0, 7.0, 키워드 사료집, 해동 기출

저를 합격으로 이끈 효자 과목입니다. 국가직, 서울시, 지방직 모두 95점을 받았어요. 필기 노트 덕입니다. 2014년 9월에 처음으로 필기 노트를 접했고 한 달에 1회독하던 속도에서 시험 전날에는 7시간 만에 1회독이 가능한 속도로 발전했습니다. 필기 노트랑 한길쌤 강의를 무한 반복했습니다. 꼭 강의 같이 들으세요! 필기 노트는 50번 정도 본 것 같습니다. 다만 제가 후회되는 건 저의 절대적인 공부 시간이 부족해서 5.0, 7.0, 사료집, 기출문제를 제대로 공부하지 못했다는 점입니다.

강의는 다 들었지만 시간에 쫓겨 제대로 공부하지 못했습니다. 필기 노트를 중점으로 5.0, 7.0, 사료집, 기출문제 모두를 골고루 해주시면 100점을 받으실 수 있을 겁니다.

행정법 – 황남기 기본서, 황남기 기출, 전효진 보충

황남기쌤 헌법을 실강으로 들어서 행정법도 실강으로 들었습니다. 황쌤은 교재가 정말 깔끔하고 수업도 수험에 맞게 잘 해주셔서 좋은 것 같습니다. 하지만 자세한 설명은 부족하다고 느껴서 전효진쌤 강의 중 제가 부족하다고 생각되는 부분을 인강으로 골라서 들었습니다. 판례 강의도 좋았고요. 그리고 행정법은 기출이 정말 중요하기 때문에 기출만 30번 넘게 봤고, 전효진쌤이 무료 강의로 올려주신 3시간으로 정리하는 ○× 기출 지문을 20번 봤습니다. 최고예요 진짜! 황남기쌤으로 기본을 쌓고 전효진쌤을 통해 완성시켜 나갔습니다.

행정학 – 신용한 기본서, 김중규 기출

신용한쌤은 정말 재미있고 쉽게 행정학을 알려주서서 좋았습니다. 행정학은 경제학 다음으로 가장 힘들게 공부한 과목이었습니다. 먼저 기본 강의를 듣고 기출을 바로 풀었습니다. 신용한쌤 기출을 5번 정도 보고 김중규쌤 책이 좋아보여서 김중규쌤 기출로 40번 정도 봤습니다. 시험 직전 한 달 전엔 기본서만 정독을 하면서 흩어져 있던 지식들을 정리했습니다. 행정학이든 행정법이든 기출을 웬만큼 돌리신 후에 기본서 정독 필수입니다. 행정학은 1년이 지난 후에야 조금 알 것 같더라고요. 정말 방대하고 힘든 과목입니다.

세상은 아침 해가 뜨기 전 가장 어둡다

끝으로 제가 드리고 싶은 말은 끝날 때까지 끝난 게 아니라는 겁니다. 국가직을 0.02점 차로 떨어진 후 서울시와 지방직은 반 포기 상태에서 시험을 치렀습니다. 하지만 결국 합격했고, 만약에 제가 그때 반 포기 상태가 아니라 적극적인 의지를 갖고 있었다면 더 좋은 점수를 받았을 겁니다.

그리고 체력 약하고 의지 박약인 수험생분들! 포기하지만 마시고 꾸준히 공부해주세요. 6시간이라도 꾸준히 하니까 좋은 결과가 나왔습니다. 6시간을 하라는 얘기가 아닙니다. 6시간만 하게 되면 절대적인 공부량이 부족하기 때문에 시험 직전 자신감도 떨어지고 요행을 바라게 됩니다. 제발 절대적인 공부량은 확보해주세요. 그리고 수험 생활 본격적으로 시작하기 전에 가산점 꼭 따세요! 안 딴 거 정말 후회했습니다. 나태하신 분들은 스탑워치 인증 스터디 추천드려요!

　기출 회독 수에 대한 질문이 많으신데요. 제가 기출 회독 수가 많은 이유는 기본 강의가 끝나자마자 기출을 풀기 시작했기 때문이고, 20회독이 넘어가면서부터 아는 지문은 삭제했기 때문입니다. 1년 동안 20회독을 했고 시험 막판 6개월 동안 20회독했습니다. 20회독이 되면서부터 속도가 붙습니다. 저는 속도 붙는다는 느낌을 시험 3개월 전에 받았습니다. 초반에 속도 안 난다고 너무 답답해하거나 속상해하지 마세요. 당연한 겁니다.

　그리고 기출문제만 보면 80점 정도밖에 맞지 못합니다. 90~100점이 되기 위해서는 기본서도 병행해주셔야 합니다. 기출문제 풀 때 자신이 틀리는 부분은 기본서로 돌아가 복습 꼭 해주시고 기출을 어느 정도 본 후에 기본서 정독해주세요. 기본서 정독이 시험 막판에 정말 큰 힘이 됐습니다. 단, 기본서 정독을 빠르게 하기 위해서는 평소에 기출 지문을 잘 정리해주셔야겠죠. 수험 생활 초반에는 기출을 위주로, 막판으로 갈수록 기본서를 위주로 보시면 됩니다.

　누구보다도 힘들게, 외롭게 공부하고 있을 수험생 분들께 전하고 싶습니다. 세상은 아침 해가 뜨기 전 가장 어둡다는 것을요. 힘드시겠지만 조금만 더 힘내주세요! 항상 응원하겠습니다.

공무원 합격을 위해 고군분투하는
모든 수험생들에게 힘이 되길……

내가 스웨덴, 핀란드와 같은 복지 국가에 태어났다면 지금 어떻게 살고 있을까?

우선 4.5평짜리 원룸에 살기 위해 대출을 받지 않아도 되었을 것이고, 대학원 학자금 대출을 받지 않아도 되었을 것이다. 학비가 무료이고 공공 임대 주택에서 저렴한 비용으로 살 곳을 해결할 수 있을 테니 말이다. 그 많은 수험생들도 고시원에 살면서 컵밥을 먹지 않아도 될 것이다.

공무원 시험 전 대안 학교에 근무하면서 '꿈, 행복'을 외칠 때, 주변 사람들 대부분이 세상물정 모르는 철부지를 바라보는 시선으로 나를 걱정했었다. 결국 나도 28세가 되던 해 내 앞길에 대한 엄청난 불안으로 인해 하고 싶은 것과 안정적인 삶을 절충한 공무원의 길을 선택했다.

우리나라가 복지 국가여서 교육, 주거, 노후, 의료가 보장되는 나라였다면, 아마도 나의 길을 계속 가면서 지금쯤 심리상담 전문 교사가 되어 있지 않았을까? 인간은 누구나 사람들의 삶과 마음에 도움이 되는 지식과 지혜를 함께 나눌 때 보람을 느낀다. 나 또한 그 힘으로 이 책을 썼다.

복지 국가가 되면 꿈을 가지라고, 하고 싶은 일을 하면서 살아가라고 외치지 않아도 자연스럽게 많은 이들이 자기가 하고 싶은 일을 하면서 살 것이다. 하고 싶은 일에 도전하는 것은 사지에 뛰어드는 것과 같은 비장한 결심을 필요로 하지 않을 것이다.

OECD 30개국 중 29위(복지국가 소사이어티, http://www.welfarestate.net)인 우리나라가 사회 복지 지출(멕시코 30위) 비율을 평균 수준으로 끌어올린다면 수험생들이 그토록 바라는 공무원, 공공 기관 일자리도 많이 늘어날 것이다.

실제 공무원이 되어 겪어 보니 내가 알던 것 이상으로 엄청난 규모의 예산과 조직이 쓰이는 중요한 자리였다. 그래서 요즘 심리뿐 아니라 사회에 대한 공부도 함께하고 있다. 당신이 시험에 합격해 안정된 삶의 발판을 마련한다면 자신이 보는 사회의 아픈 지점을 치유하는 데 조금이라도 도움이 될 수 있도록 약간의 비용과 시간을 허락해 주면 좋겠다.

이 책을 쓰면서 참 많은 분들의 도움과 격려를 받았다. 교수님, 코치님, 트레이너님, 합격생들, 수험생들에게 무한한 감사의 인사를 전한다. 정성을 기울여 준 출판사에도 감사를 드린다.

아직 배울 것이 많은 나를 이끌어 주는 팀장님, 과장님, 국장님을 비롯한 여러 선배님들과 동료들, 묵묵히 오늘도 애쓰고 있는 모든 공무원들의 노고에 깊은 감사를 드린다.

최선을 다해 사시는 걸 삶을 통해 보여 주신 부모님께도 감사와 사랑의 마음을 전한다. 이모부 가족에도 말로 표현하기 부족한 감사의 인사를 드린다.

마지막으로 그 누구보다 합격을 위해 고군분투하고 있는 많은 수험생들에게 이 책이 큰 힘이 되기를 바란다.